Walter Eitel **Biblische Geschichten spielen**

Walter Eitel

Biblische Geschichten spielen

Vorschläge für Kindergottesdienste
und Kindergruppen

Kösel

ISBN 3-466-36349-7

Inhalt

Vorwort

Die Entwürfe zu den biblischen Geschichten dieses Buches stammen alle aus der Praxis; sie entstanden im Laufe mehrerer Jahre und wurden geschrieben für Kommunionkindergruppen der Pfarre und für die Gottesdienste der Grundschule.

Wie kann es gelingen, einen Kindergottesdienst »attraktiv« zu machen, d.h. so anziehend zu gestalten, daß Kinder gern kommen und sich darauf freuen?
Wie kann bei ihnen die Freude an Gott und die Freundschaft zu Jesus durch seine frohe Botschaft lebendig gemacht werden?
Wie kann Gott für sie konkret werden, ein Gesicht bekommen?

Diese Texte wollen eine Hilfe dazu sein. Kinder haben eine natürliche Begabung zum Erzählen und Vorlesen. Sie können dabei ihre eigene Freude durch das Vortragen solcher Geschichten weitergeben und auf die Zuhörer übertragen. Es gelingt ihnen oft ganz mühelos, durch ihren Eifer und durch die Art ihres Sprechens eine gespannte Atmosphäre im Gotteshaus hervorzurufen, die auf alle ansteckend wirkt. Sie können z.B. ganz genau zum Ausdruck bringen, wie das Nein des Pharao von Ägypten klang, der das Gottesvolk nicht ziehen lassen wollte, und wie sich die Stimme des Johannes am Jordan anhörte, der in der Wüste zur Umkehr und Buße aufrief. Kinder können innerlich das Träumen der Hirten von Bethlehem empfinden, die auf die Erfüllung der alten Verheißungen der Propheten warteten, oder die Beglückung des Simeon, der im Tempel Jesus in die Arme nehmen durfte. Sie lassen etwas durchklingen von der Freude Jesu, der mit 12 Jahren zum ersten Mal in der Pilgergruppe seines Dorfes zum großen Tempel von Jerusalem aufbrach, dem Haus seines himmlischen Vaters, oder auch von der Sehnsucht des verlorenen Sohnes nach der Geborgenheit in seinem Elternhaus. Sie drücken auch das Von-Oben-Herab der Gesetzeslehrer aus, die die Kleinen und Armen verachteten, und den Haß des Hohen Rates gegenüber dem Messiasanspruch Jesu.

Für Kinder sind solche Begebenheiten nicht so sehr Sache des Verstandes, sondern vielmehr auch des Herzens. Und das spüren die Zuhörer deutlich.

Zum praktischen Gebrauch dieser biblischen Szenen sind einige kleine Hinweise nützlich. Es gibt u.a. folgende Verwendungsmöglichkeiten:

- Im Rahmen der Vorbereitung auf die Erstkommunion, also als Ergänzung zur Werkmappe der Gruppe, in der oft biblische Texte zu kurz kommen. Dazu werden die Texte mit verteilten Rollen vorgetragen und dann besprochen.

- Dies ist natürlich auch möglich in der Schule im Fach Religion, wenn es darum geht, einen biblischen Text etwas persönlicher einzuführen, zu erspielen oder zu erlesen.

- Im Sonntagsgottesdienst: Dazu werden die Rollen vorher verteilt, damit sie zu Hause geübt werden können. Alle, die einen Text übernehmen, treffen sich dann sonntags eine halbe Stunde vor Beginn des Gottesdienstes in der Sakristei oder am Mikrophon in der Kirche zu einer Sprechprobe. Dabei können noch kleinere Korrekturen vorgenommen werden (zu schnell, zu nah am Mikrophon, falsch betont etc.).

- Gute Erfahrungen können mit solchen Spielszenen auch bei Kinderbibeltagen oder -wochen, bei religiöser Kinderarbeit überhaupt, oder auch da und dort bei Älteren im Kindergarten gemacht werden.

– Bleibt, darauf hinzuweisen, daß in Klammern im Inhalts-
verzeichnis der mögliche Anlaß für die Verwendung der
Szenen angegeben ist.

Grundlegend für die Arbeit mit Kindern ist: Sie dürfen einem
Gottesdienst oder Bibelkreis nie nur als passive Zuhörer bei-
wohnen, sie müssen vielmehr möglichst aktiv in das Geschehen einbezogen werden. Sie sollen engagierte Mitwirkende
sein. Nur so kann daraus »ihr« Gottesdienst, »ihre« Messe,
»ihr« Bibeltag werden.

In diesem Büchlein gibt es zwei Arten von Vorlagen zu biblischen Texten, die sich in ihrer Form etwas voneinander un-
terscheiden:
– Biblische Sprechtexte in ganz enger Anlehnung an die hl.
Schrift, wobei oft nur die direkten Reden von verschiede-
nen Sprechern vorgetragen werden. Dadurch erhalten die
Geschichten ihre ursprüngliche Lebendigkeit zurück. Diese Texte eignen sich mehr z.B. für Kommunionkinder oder
für das 3. Schuljahr. Bei einem Teil der Texte wurde die
»Bibel unserer Kinder« von Anne de Vries zugrunde ge-
legt.
– Erzählungen mit ganz alltäglichen Szenen, die mehr als
Hintergrund für ein bestimmtes Jesuswort dienen sollen
(z.B. für eine Seligpreisung). Diese Geschichten haben
sich mehr im 4. Schuljahr bewährt.

Diese mit verteilten Rollen geschriebenen biblischen Szenen
sollten jedoch nicht jeden Sonntag eingesetzt werden. Es gibt
viele Gelegenheiten, wo der Originalschrifttext zur Wortverkündigung besser geeignet ist.
Neben solcher Wortverkündigung gibt es im Gottesdienst
noch viele andere Elemente zur lebendigen Gestaltung, so
etwa die reiche Entfaltung des liturgischen Meßablaufs mit

Meßdienern, Gabenträgern, Vorbetern für Bußakt und Fürbitten und vielem mehr. Auch der Einsatz eines Instrumentalkreises, von Soloinstrumenten (Blockflöte) oder der Lieder aus Taizé oder ein mehrstimmiger Kanon helfen der Gemeinde, in der Kirche eine meditative und religiöse Atmosphäre zu schaffen. Bei allem ist die Kunst des Ausgleichs zwischen Aktivität und Ruhe, zwischen Konzentration und Tun wichtig.

Durch all das können Gottesdienste und Kindernachmittage für Kinder zu einem Erlebnis werden, von dem sie hinterher ihren Eltern begeistert erzählen. Das hat dann häufig zur Folge, daß oft am nächsten Sonntag die Erwachsenen mit dabei sind. So wird im Laufe der Zeit aus dem Kindergottesdienst fast ganz von selbst ein Familiengottesdienst. Denn es spricht sich schnell herum, daß der Glaube Freude macht, daß man in der Kirche den Geist Jesu spürt und daß Gottes Liebe in Jesus Hand und Fuß bekommt und greifbar wird.

Die Verkündigung der frohen Botschaft ist – so gesehen – auch heute noch eine frohmachende Aufgabe für Seelsorger, Haupt- und Ehrenamtliche in der Kinderarbeit und ein beglückendes Erlebnis für die Kinder.

Düsseldorf, November 1991   *Walter Eitel*

Altes Testament

Abraham rettet
die Bewohner von Sodom

Nach Genesis 18,20-33

Erzähler
Abraham

Erzähler: Der Patriarch Abraham hatte zu Gott, seinem Herrn, ein großes Vertrauen.
Alles was ihn erfreute oder bedrückte, besprach er mit Gott, der ihm wie ein guter Freund war.
Einmal stand Abraham ganz traurig auf einem Hügel, und zu seinen Füßen lagen die Städte Sodom und Gomorra.
Er klagte:

Abraham: Da liegen sie, die beiden großen Städte.
Die Menschen dort sind böse,
sie tun Schlechtes und sind ganz gottlos geworden – die meisten wenigstens.
Und sie wollen sich auch nicht bessern.

Erzähler: Ganz bedrückt war Abraham, denn er wußte, daß Gott, sein Herr, die Menschen dort bestrafen würde,
wenn sie sich nicht bekehrten.
Dann gingen sie alle zugrunde. Haben sie das verdient?
Da fiel ihm etwas ein.

Abraham:	Dort unten in der Stadt wohnen ja auch meine Verwandten,
	die dann mit den anderen zugrunde gingen, der Lot und seine Familie,
	sie haben den Herrn lieb, so wie ich selbst.
	Sie sind nicht gottlos und böse.
Erzähler:	Darum begann Abraham mit Gott zu sprechen.
Abraham:	Herr, mein Gott, wenn in dieser bösen Stadt 50 Menschen leben,
	die deine Gebote treu beachten, das wären nicht viele.
	Aber sie gingen dann mit zugrunde, wenn du die Stadt vernichten willst.
Erzähler:	Gott sagte zu Abraham: Die ganze Stadt soll gerettet werden,
	finde ich dort nur 50 Einwohner, die mich ehren und die Gebote halten.
	Doch Abraham hatte Zweifel.
Abraham:	Herr, mein Gott, ich bin mir nicht ganz sicher.
	Vielleicht sind in der großen Stadt nur 45 Gerechte.
	Willst du sie alle vernichten, weil 5 fehlen?
Erzähler:	Und Gott versprach dem Abraham, sie alle zu schonen, wenn es dort nur 45 Gerechte gäbe.
	Aber gab es so viele überhaupt?
	Darum fragte er weiter:
Abraham:	Herr, sei mir nicht böse.
	Aber ich muß nochmal mit dir über Sodom reden.
	Vielleicht gibt es dort nur 40 Menschen, die dich lieben.
Erzähler:	Gott sagte dem Abraham, daß er auch dann die Stadt nicht bestrafen wolle.
	Abraham hörte das gern.
	Und das gab ihm Mut, weiterzureden.

Abraham:	Herr, vielleicht sind 40 schon zuviel, und es gibt nur 30 Gerechte.
	Es ist ja eine böse und gottlose Stadt, ich weiß es ja.
	Aber wenn es wirklich nur 30 wären, Herr?
Erzähler:	Er kannte Gott, seinen Herrn, und wußte von seiner großen Güte.
	Darum war er nicht einmal sehr überrascht, daß ihm Gott zusagte, alle wegen der 30 zu schonen.
Abraham:	Herr, ich traue mich nicht mehr, weiterzureden.
	Aber sei mir nicht böse und zürne nicht.
	Es könnte doch sein, daß sich in Wirklichkeit dort nur 20 finden, die gut geblieben sind.
	Sie gingen ja dann mit zugrunde, Herr.
Erzähler:	Die Strafe wird der ganzen Stadt erlassen, wenn dort nur 20 Menschen zu finden sind, die Gott treu geblieben sind, hörte Abraham sagen.
	Und noch einmal redete Abraham mit Gott über die Rettung der Stadt Sodom:
Abraham:	Herr, ich wage es kaum, dich an deine Güte noch einmal zu erinnern.
	Darf ich überhaupt noch weiter mit dir reden?
	Sei mir nicht böse, aber es sind vielleicht nur 10 Gerechte dort unten in der großen Stadt.
	Für sie bitte ich dich.
Erzähler:	Und als Abraham hörte, daß Gott alle verschonen würde wegen der 10 Gerechten,
	da ging er voll von großer Dankbarkeit hinweg.
	Sein Gebet hatte sie alle gerettet.

Gott befreit sein Volk aus der Gefangenschaft in Ägypten

Nach Exodus 7-12

Erzähler
Israelit 1
Israelit 2
Mose
Pharao

Erzähler: Ich erzähle euch heute eine Geschichte vom Volk Israel,
von seiner Gefangenschaft in Ägypten
und von seiner Befreiung aus der Hand des Pharao.

Israelit 1:   Wie lange warten wir jetzt schon auf unsere Freiheit?
Ich halte es hier nicht mehr aus. Diese Schinderei!

Israelit 2:   Wir werden behandelt wie Sklaven, wie Gefangene.
Und wir arbeiten nur für den König von Ägypten, den Pharao.

Israelit 1:   Kaum haben wir genug zu essen.
Und der Pharao fordert immer mehr Arbeit von uns.
Wenn er uns wenigstens gut bezahlte.
Es reicht hinten und vorne nicht zum Leben.

Israelit 2:	Aus dem Nilschlamm Ziegel brennen, das tut doch sonst keiner – außer uns. Und alles für die Paläste des Königs, seine Mauern und seine Brunnen.
Israelit 1:	Und dabei sind wir doch das Volk Gottes. Daß unser Gott das überhaupt zuläßt!
Israelit 2:	Nein, er läßt es nicht zu. Er wird uns helfen. Das hat er auch dem Mose, unserem Führer, versprochen.
Israelit 1:	Ja, und darum ist Mose damals zum Pharao in den großen Palast gegangen mit der Forderung, frei zu werden.
Israelit 2:	Ich erinnere mich noch genau an diesen Tag. Mose hat uns später alles genau erzählt.
Erzähler:	Ja, Mose war damals beim Pharao gewesen, dem großen Herrscher von ganz Ägypten. Er hatte dort seine Bitte vorgetragen und alle draußen hatten gehofft, daß er eine gute Nachricht erhalten würde.
Mose:	Pharao! Ich komme im Namen meines Gottes. Er schickt mich zu dir. Laß unser Volk frei. Es murrt über die Knechtschaft hier in Ägypten.
Pharao:	Hast du keine Angst vor mir? Du bist sehr mutig, mir das zu sagen.
Mose:	Nein, wenn mein Gott mich sendet, dann habe ich keine Angst. Laß unser Volk ziehen, gib ihm endlich die Freiheit. Wir wollen in das Land unserer Verheißung ziehen.
Pharao:	O nein, das tue ich nicht! Das Volk Israel bleibt hier!

Und was euer Gott sagt, das kümmert mich nicht.
Sag ihnen, sie müssen weiter für mich arbeiten.

Mose: So darf man aber einen Auftrag unseres Gottes nicht abtun.
Er wird dich strafen, wenn du Nein sagst.
Denk darüber nach, König von Ägypten!

Pharao: Ich habe mich entschieden: Ihr bleibt hier.
Keine weiteren Reden!

Erzähler: Das hat der König gesagt.
Er hat Mose wieder fortgeschickt.
Er hat gelacht über den Gott Israels.
Ja, so war das damals!

Israelit 1: Und Gott hat den Pharao bestraft, ihn und sein ganzes Land.
Gott schickte dem Land eine lange Zeit der Dürre,
er schickte Heuschrecken und Mücken,
er schickte Hagelschlag, der die ganze Ernte vernichtete.
Es trat eine Tierseuche auf,
und zum Schluß brach auch noch die Pest aus.
Immer neue Plagen.

Israelit 2: So sorgt Gott, daß der mächtige König von Ägypten doch gehorchen muß, so wie Mose es sagt.
Lange hält er jedenfalls sein Nein nicht mehr aus.
Wie kann man sich auch nur so starr gegen Gottes Willen stellen?

Mose: Hört alle her, Volk Israel, versammelt euch!
Wir dürfen endlich ziehen.
Ich war gerade wieder beim König,
wie schon so oft,
und er hat es endlich erlaubt.
Wir sind frei, heute noch! Freut euch mit mir.

Israelit 1:	Laßt uns heute Nacht noch ein Abschiedsfest feiern.
	Zur Erinnerung an diesen Tag und zu Ehren unseres Gottes.
	Morgen ziehen wir in die Freiheit, in das verheißene Land.
Mose:	Ich werde euch führen, und Gott wird mit uns sein.
	Gelobt sei der Herr!
Israelit 2:	Laßt uns ein Feuer anzünden und Lämmer braten.
Israelit 1:	Und laßt uns frisches Brot backen, aber beeilt euch.
	Wartet nicht, bis es durchsäuert ist.
	Und holt Wein in euren Krügen und Kräuter.
	Wir wollen ein Fest feiern, das wir nie vergessen.
Erzähler:	Und sie sangen ein Lied zu Ehren ihres Gottes, der sie befreit hatte aus der Hand des Pharao.

Noch heute feiern viele fromme Juden dieses Fest, sie nennen es Paschafest,
zum Gedächtnis an den Tag ihrer Rettung aus der Gefangenschaft.

Samuel im Tempel –
Das Wort Gottes hören

Nach 1 Samuel 3,1-11

Erzähler
Heli
Samuel
Stimme

Erzähler: Samuel war ein flinker, kleiner Junge.
Er wollte gern ein Diener Gottes werden.
Er wollte arbeiten im Tempel, dem Haus Gottes.
Heli, der Priester, nahm ihn gern,
denn er war schon alt und konnte einen Helfer
gut gebrauchen.
Samuel fand es herrlich, ein Diener Gottes sein
zu dürfen.
Manchmal sagte er sich:

Samuel: Ich habe den schönsten Beruf, den man sich
denken kann.
Ich darf im Tempel arbeiten, im Hause meines
Gottes.

Erzähler: Er mußte allerlei kleine Dinge tun für den Priester
Heli,
der schon sehr alt war.
Und er hatte ein eigenes Zimmer,
direkt neben dem Tempel.

	Samuel war ein guter Knecht Gottes.
	Eines Nachts wachte Samuel auf.
	Er hörte eine Stimme, die ihn rief:
Stimme:	Samuel, Samuel!
Erzähler:	So rief die Stimme. Sie war ganz deutlich zu hören.
	Da stand Samuel auf und ging zu Heli, dem Priester.
	Er sagte:
Samuel:	Hier bin ich, du hast mich gerufen?
Heli:	Nein, ich habe dich nicht gerufen.
	Geh nur wieder schlafen!
Erzähler:	Da ging Samuel in seine Kammer zurück.
	Aber er sagte zu sich:
Samuel:	Nein, ich habe mich nicht getäuscht.
	Jemand rief: Samuel.
Erzähler:	Aber dann legte er sich wieder hin.
	Doch plötzlich war die Stimme wieder da.
	Er hörte sie sagen:
Stimme:	Samuel, Samuel!
Erzähler:	Jetzt war Samuel ganz sicher, daß er richtig gehört hatte.
	Es war also kein Irrtum gewesen.
	Er ging wieder zu Heli und sagte:
Samuel:	Hier bin ich, nun hast du mich aber wirklich gerufen!
Erzähler:	Heli war sehr erstaunt, denn er hatte nicht gerufen.
	Darum sagte er:
Heli:	Nein Junge, ich war es nicht, der dich gerufen hat.
	Sicher hast du geträumt.
	Geh schnell wieder hin und schlafe weiter.
Erzähler:	Samuel ging in seine Kammer zurück.

Er konnte das alles nicht begreifen.
Er wußte, daß er nicht geträumt hatte.
Aber kaum lag er wieder auf seinem Bett,
da hörte er die Stimme zum dritten Male:

Stimme: Samuel, Samuel!

Erzähler: Wieder lief Samuel zu Heli, dem Priester, und sagte:

Samuel: Nun hast du mich aber ganz sicher zu dir gerufen.
Ich weiß es genau.
Ich habe es ja ganz deutlich gehört.

Erzähler: Und da endlich wußte Heli, woher die Stimme kam.
Nun konnte er es dem Samuel erklären.
Darum sagte er:

Heli: Mein Junge, ich habe dich nicht gerufen.
Es war der Herr, der dich rief.
Du hast die Stimme Gottes in deinem Herzen gehört.
Geh nur zurück.
Und wenn du diese Stimme wieder hörst,
dann mußt du sagen: Rede, Herr, dein Diener hört.

Erzähler: Da ging Samuel wieder in sein Zimmer zurück.
Er war ganz ruhig. Er lauschte und wartete.
Und sein Herz war ganz froh,
weil der Herr mit ihm, dem kleinen Samuel, sprechen wollte.
Wenn Gott zu ihm reden würde,
das wäre das Schönste, was er sich vorstellen könnte.
Und dann war auch die Stimme wieder da.

Stimme: Samuel, Samuel!

Erzähler: Samuel sprang auf.

Er war ganz ehrfürchtig, denn er wußte genau, wer mit ihm sprach, und er sagte:

Samuel: Rede, Herr, dein Diener hört!

Erzähler: Und dann sprach Gott zu ihm, dem kleinen Samuel.

Es war ganz wunderbar, auf Gottes Stimme zu hören.

(Frei nach Anne de Vries)

Jona bekehrt Ninive

Nach Jona 1-3

Erzähler
Jona
Bewohner von Ninive
Herold

Erzähler: Jona war ein Prophet.
Gott wollte, daß er zu den Bewohnern von Ni-
nive gehen sollte.
Ninive war eine böse Stadt, in der Gott nicht
geehrt wurde.
Jona sollte sagen, daß sie zugrunde gingen,
wenn sie sich nicht bekehrten und der Botschaft
Gottes nicht folgten.
Aber Jona war widerspenstig und wollte nicht
gehen.

Jona: Nein Herr, das kann ich nicht tun.
Ich gehe nicht nach Ninive.
Sie werden nicht auf mich hören,
und sie werden mich auslachen,
wenn ich deine Botschaft verkünde.
Und außerdem: Wer hört schon gern,
daß er böse sei und sich bekehren müsse.
Das macht sie nur wütend!

Erzähler: Und Jona floh vor Gott,
ging nach Jafo, ans Meer, wo er ein Schiff fand,
das ihn mitnahm.

Auf der Reise erhob sich ein großer Sturm. Und die Seeleute beschlossen, Jona ins Meer zu werfen,
weil sie glaubten, Jona sei schuld an dem Sturm. Aber Jona wurde gerettet.

Jona: Gott, der Herr, läßt nicht von mir ab.
Ich kann ihm nicht entkommen. Ich muß daher seinen Auftrag erfüllen,
als Prophet nach Ninive zu gehen.

Erzähler: Und Jona machte sich auf den Weg nach Ninive, in die große Stadt,
um das Strafgericht Gottes über sie zu verkünden.

Jona: Die Kunde von eurer Schlechtigkeit ist zum Herrn gedrungen.
Er will eure Bosheit nicht länger mit ansehen.
Noch vierzig Tage, und ihr geht alle zugrunde, wenn ihr euch nicht bekehrt.
Die ganze Stadt wird zerstört werden.
So spricht Gott, der Herr.

Erzähler: Und die Leute von Ninive hörten auf Jona, sie glaubten, was Gott ihnen angedroht hatte.

Bewohner: Kommt, laßt uns umkehren zu unserem Gott.
Laßt uns fasten, alle, groß und klein.
Zieht Bußgewänder an, damit der Herr unsere Umkehr sieht.

Erzähler: Die Nachricht des Jona drang vor bis zum König.
Auch er tat Buße.
Er legte seinen Königsmantel ab und ging in Sack und Asche.
Er ließ ausrufen:

Herold: Befehl des Königs!
Alle Menschen sollen nichts essen, sie sollen laut beten.

Jeder soll umkehren von seinen bösen Taten und von dem Unrecht, das an seinen Händen klebt.

Vielleicht läßt Gott die Strafe dann an uns vorübergehen.

Erzähler: Gott sah mit Wohlgefallen das Verhalten der Bewohner von Ninive.

Alle kehrten sie um zu ihrem Herrn, groß und klein.

Und Gott führte die Strafe, die er der ganzen Stadt angedroht hatte, nicht aus.

Neues Testament

Johannes verkündet den Messias

Nach Lukas 3,1-18

Erzähler
Johannes
Israelit
Reicher
Soldat
Pharisäer
Zöllner

Erzähler: Wer kennt nicht den Johannes, den großen Propheten.
Johannes wollte gern wissen,
wie er das Kommen des Messias vorbereiten kön-
ne.
Darum ging er in die Wüste,
dort war er ganz allein – allein mit Gott.
Und dort hörte er auf das,
was Gott ihm sagte.
Und Gott sagte ihm alles, was er für seinen Auftrag wissen mußte.
Er lehrte den Johannes, daß der erwartete Messias ein König sei.
Kein gewöhnlicher wie die anderen,
sondern ein König des Friedens und des Heils.
Und so rief Johannes den Leuten zu:

Johannes: Bekehrt euch, das Königreich des Messias ist
schon ganz nahe.

	Ich bin die Stimme des neuen Königs.
	Ich verkündige euch, daß er bald kommt.
Israelit:	Ich habe schon so lange darauf gewartet, daß der Messias kommt.
	Wie oft habe ich schon darum gebetet.
	Und jetzt ist er nahe. Wie schön!
Erzähler:	Ja, die vielen Menschen waren froh, denn sie alle hatten große Sehnsucht, daß endlich ihrem Volk ein Retter von Gott geschenkt werden möge.
	Und so fragten sie den Propheten:
Israelit:	Johannes, was sollen wir tun, wenn der Messias kommt?
	Wie können wir uns auf des neuen Königs Ankunft vorbereiten?
Johannes:	Bereut eure Sünden!
	Macht eure Herzen bereit für Gott!
	Baut Straßen, die zu euren Herzen führen, füllt die Gräben aus und tragt die Berge ab.
	Ihr müßt neue Menschen werden!
	Wenn ihr dem Zorn Gottes entgehen wollt, dann kehrt um.
	Tut Buße! Laßt euch taufen!
Reicher:	Johannes, ich bin ein reicher Mann, was soll ich tun?
Johannes:	Wer wohlhabend ist und zwei Röcke besitzt, soll einen davon dem geben, der keinen hat.
	Teilt mit den Armen!
Erzähler:	Und das tat der Reiche.
	Sofort zog er seinen Rock aus und verschenkte ihn einem Bettler.
	Das machte Eindruck.
	Und darum fragten auch andere Leute:
Zöllner:	Ich gehöre zum Zollamt.

	Ich weiß, daß mich keiner mag.
	Aber ich will auch ein neuer Mensch werden.
	Johannes, was soll ich tun?
Israelit:	Du gehörst nicht zu uns.
	Fort mit dir, du Gauner!
	Alle hast du betrogen, mich auch.
	Du änderst dich nie!
Johannes:	Du hast es gehört.
	Nehmt nicht mehr Zoll, als vorgeschrieben ist.
	Hört auf, das arme Volk auszuplündern!
Soldat:	Johannes, ich bin römischer Soldat,
	ich gehöre zur Besatzungsarmee,
	ich stehe hier in meiner Uniform,
	was erwartet euer Gott von mir?
Israelit:	Fort mit euch, ihr römischen Soldaten,
	ihr Unterdrücker unseres Volkes!
Johannes:	Halt, laßt ihn, er meint es ehrlich.
	Jeder fange mit der Umkehr bei sich selbst an.
	Und du, Soldat, erpresse niemanden und sei mit
	deinem Sold zufrieden.
Pharisäer:	Johannes! Mich schickt der Hohe Rat her, ich
	bin ein Pharisäer.
	Was tust du hier?
	Wer gibt dir die Vollmacht, so zu sprechen?
	Bist du etwa der Messias oder ein Prophet?
	Gib Antwort!
	Ich werde dem Hohen Rat genau berichten, was
	du hier tust.
Johannes:	Ich bin nur ein Wegbereiter für einen Größeren,
	der nach mir kommt.
	Er ist schon ganz nahe, mitten unter euch.
	Er ist viel stärker als ich.
	Er wird euch mit Heiligem Geist und mit Feuer
	taufen.

Und er wird den Weizen von der Spreu zu tren-
nen wissen.
Hütet euch also!

Israelit: Woher hat der Johannes nur den Mut,
uns so ins Gewissen zu reden?
Allen sagt er offen seine Meinung.
Alle müssen sich ändern, neu werden.

Erzähler: Und so predigte Johannes am Jordan,
er bewegte viele, ein neues Leben anzufangen.
Die Menschen ließen sich im Jordan taufen zum
Zeichen dafür,
daß sie umkehren und dem Messias ein reines
Herz bereiten wollten.

Johannes ruft zur Umkehr auf

Nach Matthäus 3,1-11 und Johannes 1,25-28

Erzähler
Johannes
Soldaten
Zöllner
Pharisäer 1 und 2
Leute 1 und 2

Erzähler: Wißt ihr, wer Johannes war?
Er ging in die Wüste, hinunter zum Jordan.
Ein Haus gab es dort nicht für ihn.
Darum wohnte er in einer Höhle.
Es gab auch nicht viel zu essen dort. Wenn er
Hunger hatte, suchte er sich Honig.
Manchmal mußte er sogar Heuschrecken essen.
Und er hatte auch nicht viel zum Anziehen.
Ihm genügte ein langer Mantel.
Ja, und eines Tages sagte ihm Gott,
er solle das Volk vorbereiten auf das Kommen
des Messias,
auf den neuen König Israels.

Leute 1: Ich bin unterwegs nach Jerusalem,
hoffentlich bin ich bald da.

Leute 2: Ja, der Weg war weit, aber bald haben wir es
geschafft.
Wir sind schon am Jordan.

Leute 1:	Hörst du dort die vielen Menschen?
	Was ist da los? Warum ist da so ein Gedränge?
Leute 2:	Es werden immer mehr, die zum Jordan strömen.
	Komm, wir wollen einmal sehen, was da los ist.
Leute 1:	Sie schauen alle auf den Mann mit dem langen Mantel.
	Hör zu, er beginnt zu reden. Mal sehen, was er sagt.
Johannes:	Bekehrt euch. Tut Buße, geht auf neuen Wegen.
	Baut Straßen für Gott, die zu euren Herzen führen.
	Gottes Heil ist ganz nahe.
	Es wird nicht mehr lange dauern,
	dann kommt der Messias, auf den ihr alle gewartet habt.
Erzähler:	Da wurden die Menschen ganz froh, daß bald der Erlöser käme.
	Sie wollten immer mehr hören und ganz genau erfahren,
	was sie tun könnten, um sich auf sein Kommen vorzubereiten.
Leute 2:	Johannes, was sollen wir tun? Sag es uns.
	Wir sind zu allem bereit.
Johannes:	Ihr könnt dem Zorn Gottes nicht entgehen,
	wenn ihr nicht neue Menschen werdet,
	anders lebt, anders denkt und handelt als bisher.
Erzähler:	Es kamen aber auch Pharisäer zum Jordan.
	Und sie fragten Johannes:
Pharisäer 1:	Hör, Johannes, wer gibt dir die Vollmacht,
	so zu den Menschen zu reden?
	In wessen Namen tust du das? Sprich!
Johannes:	Ich stehe hier im Auftrag Gottes.
	Er hat mir befohlen,
	dieses Volk auf das Kommen des Messias vorzu-

	bereiten. Sein Reich bricht an, seine Herrschaft wird bald kommen!
Pharisäer 2:	So? Was für ein Reich, welche Herrschaft, sag es uns?
Johannes:	Der Messias, der kommen wird, möchte diese Erde hell machen.
	Er sammelt alle Menschen guten Willens.
	Er schenkt den neuen Frieden.
	Er befreit die Menschen aus aller Sünde und Not.
	Mit ihm bricht eine neue Zeit an.
Pharisäer 2:	Komm laß uns gehen, dieser Johannes träumt nur,
	er ist nicht ganz ernst zu nehmen.
Pharisäer 1:	Doch, mir gefällt, was Johannes sagt.
	Merkwürdig, welche Macht er hat über die Herzen der Menschen.
	Alle hören ihm zu.
Pharisäer 2:	Sie gehen zum Jordan, um von Johannes getauft zu werden.
Leute 1:	Laßt uns durch, er soll uns taufen.
	Wir wollen neue Menschen werden.
Leute 2:	Wir wollen uns vorbereiten auf das Kommen des Messias.
	Er soll uns Gottes Heil schenken und uns alle Sünden vergeben.
Leute 1:	Vielleicht ist er es, durch den die Erde neu werden kann.
	Vielleicht ist der Messias schon ganz nahe.

Die Geburt Jesu – Weihnachtsspiel zum Heiligen Abend

Nach Lukas 2,1-14

> *Erzähler*
> *Herold (mit Trommel)*
> *Wirt (singt)*
> *Maria*
> *Josef*
> *Hirte 1*
> *Hirte 2*
> *Hirte 3*
> *Engel (singt)*
> *Chor (Schulklasse)*

Erzähler:	In jener Zeit ging ein Befehl aus vom römischen Kaiser Augustus.
	Dieser Befehl wurde im ganzen Land verkündet.
Herold:	*(Kommt trommelnd durch den Mittelgang nach vorn.*
	Trompeter gibt ein Signal)
	Befehl des Kaisers Augustus! *(Trommelwirbel)*
	Kommt näher! Leute, hört gut zu, was ich euch zu sagen habe!
	Der große Kaiser von Rom befiehlt,

	alle Menschen im ganzen Reich
	sollen sich in Steuerlisten eintragen lassen.
	Jeder gehe in seine Heimatstadt, dort, wo sein Vermögen ist.
	Das muß ich euch melden.
	Also beeilt euch, der Kaiser braucht dringend neues Geld.
	(tritt ab mit Trommelwirbel)
Erzähler:	Und dann zog der Herold weiter, um diesen Befehl im nächsten Dorf auszurufen. Alle mußten ihn erfahren.
Maria:	Josef, hast du das gehört, was der Bote des Kaisers gesagt hat?
Josef:	Ja, Maria, das gilt auch für uns. Wir müssen nach Bethlehem gehen; dorther stamme ich und dort bin ich gemeldet.
Maria:	Aber Josef, das geht doch nicht. Ich erwarte das Kind, bald schon. Und ich habe Angst, allein hierzubleiben.
Josef:	Ich möchte dich auch nicht allein hier lassen. Geh nur mit mir nach Bethlehem, ich bin doch bei dir.
Erzähler:	Weil das so war, mußte Josef aufbrechen zusammen mit Maria, die bald ein Kind erwartete. Josef war nämlich – als Nachkomme des großen Königs David – aus Bethlehem. Die Reise war nicht einfach. Sie brauchten mehrere Tage, bis sie dort ankamen. In Bethlehem war viel Unruhe und Gedränge, und alle Gasthäuser waren längst überfüllt. Keiner wollte sie aufnehmen und hereinlassen.

Maria und Josef:	(singen oder sprechen)
	Wir sind allein in dieser Welt, verschlossen ist uns...
Wirt:	Wer klopfet an? (singt)
	(aus: Weihnachtssingebuch I, 16 und 19)
	oder:
Erzähler:	So gingen sie also zu einem Stall,
	den ihnen die Leute gezeigt hatten.
	Die Tiere, die zu diesem Stall gehörten,
	waren noch draußen auf dem freien Felde.
	Platz hatten Maria und Josef also genug.
	Aber es war dort kalt und recht unbequem – wie sich denken läßt.
	Besonders schwer war es für Maria,
	weil sie ja ihr Kind erwartete.
Maria:	Josef, gibt es denn in ganz Bethlehem keinen Platz, wo man uns aufnimmt?
	Soll hier in einem Stall das Kind geboren werden?
Josef:	Laß nur Maria, hier ist es nicht so laut,
	und es gibt auch keine neugierigen Gaffer.
	Wir wollen mit dem zufrieden sein, was wir hier haben.
Erzähler:	Und sie gebar ihren erstgeborenen Sohn,
	wickelte ihn in Windeln und legte ihn in eine Krippe.
	So kam Jesus zur Welt. Der Heiland war geboren.
Chor:	Zu Bethlehem geboren ist uns ein Kindelein ...
	(alle singen mit: Weihnachtssingebuch)
Erzähler:	Die Hirten aber, denen dieser Stall gehörte, waren auf dem Felde
	draußen vor den Toren der Stadt Bethlehem und hüteten ihre Herden.

Sie hielten Wache an einem kleinen Feuer.
Sie lagerten im Freien und waren im Gespräch.

Hirte 1: Da drüben liegt Bethlehem.
Die Stadt ist voll von Menschen.
Alle gehen sie zur Behörde, um sich eintragen zu lassen,
wie es der Kaiser befohlen hat.
Und aus dieser Stadt soll einmal der Messias hervorgehen, so ist uns geweissagt worden,
der Retter, der Erlöser der Menschen.

Hirte 2: Wie lange wartet unser Volk schon darauf,
daß diese wunderbare Verheißung sich erfüllen möge.
Wenn dieser verheißene König doch einmal käme!

Hirte 3: Und wieviel ist schon darum gebetet worden,
drüben im Tempel von Jerusalem
und von den Frommen unseres Volkes – und auch von mir.

Chor: Ihr Himmel, tauet den Gerechten...
oder: Tauet Himmel den Gerechten...

Hirte 1: Wenn das einmal wahr würde, in unserer Zeit, welche Freude!

Hirte 2: Und wenn es hier wäre, ganz nahe bei uns, und wir könnten es sehen!

Hirte 3: Ich habe so eine Ahnung, daß bald die Zeit erfüllt ist,
daß hier bei uns in Bethlehem das Heil der Welt,
der Messias, erscheinen wird.

Erzähler: Und während sie so redeten und vom Heil Gottes träumten
und über die alten Verheißungen der Propheten nachdachten,
wurde es am Himmel immer heller,

und dann geschah das Wunderbare:
Sie sahen ein Licht und hörten eine Stimme:

Engel: Vom Himmel hoch, da komm ich her ... *(Gotteslob 138,2-4)*

Erzähler: Die Hirten waren zuerst ganz erschrocken,
denn sie hatten noch nie etwas mit einem Engel zu tun gehabt.
Aber sie waren auch sehr froh,
daß sie diese gute Nachricht erfahren hatten.
Sie als allererste:

Hirte 1: Heute Nacht, ich ahnte es!

Hirte 2: Mein Herz könnte springen vor Freude, es ist also wahr!

Hirte 3: Der Messias ist da, endlich, die Welt ist erlöst.

Hirte 1 - 3: Auf, auf, ihr Hirten auf dem Feld... *(oder Chor)*

Erzähler: Und sie machten sich auf den Weg,
sie wollten den Messias begrüßen.
Ein Kind würde es sein, klein und armselig,
in Windeln gewickelt, in einer Futterkrippe.
Kaum zu glauben.
Und sie eilten zum Stall.

Chor: Ihr Hirten geschwind...

Erzähler: Als sie dort ankamen,
fanden sie das Kind mit Maria, seiner Mutter,
und mit Josef, der für alles sorgte.
Wie froh waren sie, als sie das Kind sahen,
das ja auch für sie geboren worden war.

Hirte 1: Ich schenke dir ein warmes Fell,
damit du nicht frierst, hier, nimm!

Hirte 2: Ich sing' für dich ein Lied, damit du dich über die Menschen freust.
(singt) Ich steh' an deiner Krippe hier... *(Gotteslob 141, 1. und 4. Strophe).*

Hirte 3: Ich habe nichts, was ich dir geben könnte.

	Ich schenk' dir mein Herz, meine ganze Liebe, mehr habe ich nicht.
Erzähler:	Und es wurde immer heller in ihren Herzen. Und auch das Licht am Himmel wurde wieder stärker. Und plötzlich war bei den Boten eine große Schar von Engeln, die Gott lobten und sangen:
Chor:	Seht ihr unseren Stern dort stehen... *oder:* Ehre sei Gott in der Höhe... (Kanon), *oder:* Gloria, Alleluja... *oder:* Der Heiland ist geboren...
Erzähler:	Und als dann all das Wunderbare vorüber war, zogen die Hirten wieder zu ihren Herden zurück. Sie dankten Gott für alles, was sie gesehen und gehört hatten. Denn es war alles so gewesen, wie es ihnen die Engel beschrieben hatten.
Alle:	O du fröhliche, o du selige, Gnaden bringende Weihnachtszeit...

Die Darstellung Jesu im Tempel

Nach Lukas 2,21-40

Erzähler
Maria
Josef
Priester
Simeon
Anna

Erzähler:	Acht Tage nach der Geburt Jesu im Stall von Bethlehem
	gingen Maria und Josef hinüber nach Jerusalem, in die große Stadt.
	Der Weg war nicht sehr weit.
	Mitten in der Stadt stand der große Tempel Gottes.
Maria:	Josef, nun gehen wir zum Hause Gottes.
	Wir wollen ihm sagen,
	wie glücklich wir über dieses Kind sind.
	Und wir wollen Gott auch darum bitten,
	daß er es besonders segne und daß er für es sorge.
	Es soll in Gottes Schutz stehen.
Erzähler:	Das taten alle Eltern in Israel,
	wenn ihnen ein Kind geboren worden war.
	Sie zogen mit ihm zum Haus Gottes nach Jerusalem,
	um es dem Herrn zu weihen.

Josef:	Wir brauchen auch eine Opfergabe zum Dank für dieses Kind. Arme Leute, so wie wir, bringen meist zwei junge Tauben als Opfergabe dar. Maria, das wollen wir auch tun!
Erzähler:	Im Tempel waren immer viele Menschen, aber niemand von ihnen wußte, daß dieses Kind der Messias, der Heiland der Welt, war. Josef kaufte zwei Tauben als Opfergabe und brachte sie zu den Priestern. Diese breiteten ihre Hände aus über dem Kind und sagten dabei:
Priester:	Gott, der Herr, segne dich. Er wird für dich sorgen. Du bist jetzt in seiner Obhut.
Erzähler:	Und dann kam – wie an jedem Tag – ein ganz alter Mann in den Tempel. Er hieß Simeon. Er ging auf Maria zu, denn er wußte, wer das Kind war, das sie im Arm trug. Gott hatte ihm gesagt, daß er vor seinem Tode den Erlöser sehen und in seine Arme nehmen dürfe. Und nun war das göttliche Kind gekommen, der Messias. Wie lange hatte Simeon darauf gewartet. Jetzt war er sehr froh.
Simeon:	Darf ich es einmal in die Arme nehmen, das Kind? Es ganz mit meiner Liebe umfassen?
Erzähler:	Maria erlaubte es ihm, denn sie spürte, daß der alte Mann diesen Augenblick schon lange erwartet hatte und daß er sich sehr freute über diese Stunde.

Simeon:	Herr, mein Gott, ich danke dir, denn nun haben meine alten Augen doch noch das Heil geschaut. Dieses Kind ist das Licht der Welt, das sogar die Heiden erleuchtet. Nun kann ich in Frieden sterben, denn heute bin ich meinem Heiland begegnet.
Erzähler:	Und Simeon sang vor lauter Freude, daß alle sich über ihn wunderten. Er war ja auch ganz glücklich. Aber dann kam noch eine alte Frau dazu, Anna mit Namen. Sie wußte auch, wer dieses Kind war. Sie kam zu Maria und rief aus:
Anna:	Er ist unser Erlöser, er ist der Heiland. Also ist er doch gekommen. Wie lange habe ich darauf gewartet. Wie froh bin ich jetzt, daß ich das noch erleben darf.
Erzähler:	Und die alte Anna lief aus dem Tempel hinaus, auf die Straße, und erzählte überall, daß sie dem Heiland begegnet war. Und dann kehrten Josef und Maria mit dem Kind nach Nazareth zurück. So war es gewesen, als Jesus zum ersten Mal in den Tempel gebracht worden war, in das Haus seines himmlischen Vaters.

(Frei nach Anne de Vries)

Epiphanie – Erscheinung des Herrn – Fest der Heiligen Drei Könige

Nach Matthäus 2,1-12

Erzähler
Weiser 1
Weiser 2
Weiser 3
Diener 1
Diener 2
Priester 1
Priester 2
Herodes

Erzähler: Die Menschen, von denen wir euch heute erzählen wollen,
waren keine Könige.
Sie waren Sterndeuter, Gelehrte, die aus dem Lauf der Gestirne das Schicksal
und die Zukunft der Menschen ablesen konnten.
Es waren weise Leute.
Jede Nacht schauten sie zum Himmel empor,
um dort etwas Neues zu entdecken.

Weiser 1: Dieser Stern da oben, den beobachte ich schon seit einigen Tagen.
Er wird immer heller.
Ein großes Licht.

Weiser 2:	So etwas habe ich noch nie gesehen.
	Und ich kann es mir auch nicht erklären.
Weiser 3:	Schaut doch mal genau hin.
	Das sind drei Sterne, die so nahe zusammenstehen,
	daß sie wie ein Stern aussehen.
	Das sind Jupiter, Mars und Saturn.
Weiser 1:	Ja, wenn das so ist, dann können wir dieses Sternbild auch deuten.
Weiser 2:	Jupiter ist der Königsstern,
	also müssen wir einen König suchen,
	einen ganz neuen König.
Weiser 3:	Und der Saturn ist der Stern des Heils und der Fruchtbarkeit,
	ein Zeichen für Frieden und Gerechtigkeit.
	Ein gutes Programm für einen neuen König, finde ich.
Weiser 1:	Und der Mars ist der Stern des Westlandes,
	also müssen wir nach Westen ziehen, zum Volk der Juden.
	Am besten in die Hauptstadt Jerusalem,
	und dort müssen wir den König Herodes fragen.
Erzähler:	Und so beluden sie ihre Kamele
	und reisten mit großem Gepäck und kostbaren Gaben nach Westen.
	Sie kamen nach Jerusalem,
	denn sie meinten, wenn ein König geboren wäre,
	dann doch sicher im Palast des Herodes.
	Dort sprachen sie darum auch vor:
Diener 1:	Unser König und Herr ist heute wieder einmal ganz schlechter Laune.
	Nichts ist ihm recht. Keinem traut er.
	Er hat Angst um seine Macht.
	Er wittert hinter allem einen Aufruhr.

Diener 2:	König Herodes, gerade sind fremde Herren angekommen
	und bitten um eine Audienz bei dir.
Herodes:	So? Wer kennt sie denn, diese Fremden?
	Und woher kommen sie?
Diener 1:	Sie sehen sehr vornehm aus,
	denn sie haben viel Gepäck bei sich
	und reiten auf kostbaren Kamelen.
	Sie sind sicher von hohem Stand.
Diener 2:	Sie fragen nach einem neuen König der Juden.
Herodes:	Es gibt keinen neuen König!
	König bin ich allein, ich, Herodes!
	Doch laßt die Fremden eintreten.
	Sie sind mir willkommen.
Weiser 1:	Sei gegrüßt, König Herodes!
Weiser 2:	Wir machen dir gern unsere Aufwartung.
Weiser 3:	Und wir haben eine Frage an dich, sie ist ganz wichtig.
Herodes:	Sprecht, ihr Herren.
	Gern will ich euch Auskunft geben, wenn ich kann.
Weiser 1:	Wir suchen einen neuen König, hier im Lande, kennst du ihn?
Herodes:	Nein, es gibt – außer mir – keinen König.
	Ihr müßt euch daher irren.
Weiser 2:	Doch! Sein Stern ist strahlend am Himmel aufgegangen.
	Und die Sterne täuschen nicht!
Weiser 3:	Wir verstehen die Sprache der Sterne
	und sind uns ganz sicher.
Herodes:	Diener! Ruf die Schriftgelehrten und Priester her zu mir.
	Sie sollen kommen, mit ihren Büchern, sofort!
	Ich will sie sehen. Eilt euch!

Weiser 1:	Du bist so aufgeregt.
	Du siehst ja ganz erschrocken aus.
Weiser 2:	Warum bist du über die Nachricht so bestürzt?
	Bist du beunruhigt?
Herodes:	Es gibt eine alte Weissagung in diesem Volk von einem Messias-König,
	der einmal kommen soll.
	Manche glauben daran und warten auf ihn.
	Wo bleiben die Schriftgelehrten?
Diener 1:	Sie stehen draußen, Herr, und warten auf Einlaß.
Diener 2:	Sie haben auch all ihre Bücher
	und die Schriften der Propheten mitgebracht.
Herodes:	Sie sollen kommen, schnell.
Erzähler:	Und so versammelten sich alle beim König Herodes.
	Und er fragte sie, wo der Messias geboren werden soll.
Priester 1:	Wie, das weißt du nicht, Herodes?
Priester 2:	Es gibt eine alte Weissagung beim Propheten Micha:
	Du Bethlehem, so heißt es da, im Lande Juda,
	aus dir wird der Herrscher hervorgehen,
	der das Volk Israel regieren soll.
Priester 1:	Bethlehem ist nämlich nicht die Geringste unter den Fürstenstädten Judas,
	aus ihr stammt auch unser großer König David.
Herodes:	So, Bethlehem also. Und warum weiß ich das nicht?
Erzähler:	Da befahl der König die Weisen wieder zu sich in seinen Palast.
Herodes:	Ihr Herren, der neue König ist in Bethlehem geboren,
	ich weiß es jetzt, denn so steht es in den Schriften.

	Geht darum dorthin und seht nach. Ich will später auch nachkommen.
Weiser 1:	Herodes, wir danken dir!
Weiser 2:	Also haben wir uns geirrt, der neue König ist nicht in Jerusalem.
Weiser 3:	Nein, der Stern hat uns richtig geführt, denn Bethlehem ist ganz nah bei Jerusalem. Der Weg ist jetzt nicht mehr weit.
Erzähler:	Und so machten sie sich wieder auf den Weg. Und der Stern, den sie schon im Morgenland gesehen hatten, leuchtete hell und zog vor ihnen her, bis sie an den Ort kamen, wo das Kind war.
Weiser 1:	Seht, unser Stern, er leuchtet, als ob er uns wieder den Weg zeigen wolle. Laßt uns ihm folgen.
Weiser 2:	Ich sehe hier aber nur einen Stall. Soll hier der neue König geboren worden sein? Ich kann es kaum glauben.
Weiser 3:	Wir sind am Ziel, hier in der Krippe liegt das Kind.
Weiser 1:	Nur ein Stall? Nur eine Futterkrippe? Nur Heu und Stroh? Und ein paar Tiere von den Hirten? Wie bescheiden ist das hier!
Weiser 2:	Vielleicht wollte er so in die Welt kommen. Er wollte sicher auch da sein für die Kleinen, dasein für alle, nicht nur für die Großen, die in den Palästen wohnen.
Weiser 3:	Wir wollen ihm jetzt unsere Geschenke geben und ihm huldigen. Er ist ja ein König, trotz allem.
Erzähler:	Und so brachten sie ihre Geschenke dar: Gold, Weihrauch und Myrrhe.

Es waren kostbare Gaben, Geschenke für einen neuen König.
Und dann beschlossen sie, wieder nach Hause zurückzukehren.

Weiser 1: Hört, ich gehe nicht mehr zurück zu Herodes.
Der sah so finster aus,
als er von dem »neuen« König hörte.
Ich habe seinen Zorn deutlich gespürt.

Weiser 2: Sicher hat er eine böse Absicht mit diesem Königskind.
Das könnte ihm gefährlich werden.

Weiser 3: So laßt uns auf einem anderen Weg nach Hause zurückkehren.

Erzähler: Und sie zogen mit großer Freude in ihr Land zurück.
Sie hatten den Messias gefunden, hier in Bethlehem,
ein Kind in der Krippe.

Simeon im Tempel – Hörspiel zur Bibel

Nach Lukas 2,21-40

Erzähler
Simeon

Erzähler:	Unsere Geschichte spielt im Lande Israel, in der Hauptstadt Jerusalem. Ein neuer Tag war angebrochen. Die Sonne ging auf über den Dächern der Stadt und der goldenen Kuppel des Tempels. Da erhob sich auch Simeon von seinem Lager. Er sagte zu sich selbst:
Simeon:	Mein Gott! Ich lebe ja immer noch. Bald kann ich aber nicht mehr, in meinen alten Tagen!
Erzähler:	Ja, Simeon war schon sehr alt, und er wurde langsam gebrechlich. Das Gehen machte ihm Beschwerden. Aber Simeon ließ sich nicht unterkriegen. Warum wohl?
Simeon:	Ich habe noch ein großes Erlebnis vor mir in diesem Leben. Gott selbst hat es mir versprochen. Ich werde bestimmt nicht sterben,

bevor ich nicht dem Messias begegnet bin.
Darauf vertraue ich fest,
obwohl ich schon steinalt bin
und mein ganzes Leben lang darauf warte.

Erzähler: Simeon ging jeden Tag in den Tempel hinauf,
denn dort, so dachte er, müsse der Messias am
ehesten zu finden sein.
Wo denn sonst wohl?
Und so stieg er auch heute hinauf zum Gottes-
haus.
Er brauchte dazu seine Zeit, denn er war ja alt.
Oben angekommen, sprach er sein Morgengebet
und dann beobachtete er die Menschen,
die den ganzen Tag über in den Tempel kamen.
Er durfte ja den Messias, wenn er käme, nicht
verpassen!
Und dann kam seine Stunde:
Maria brachte Jesus in den Tempel.
Das war so vorgeschrieben im Gesetz des Moses:
Jeder Erstgeborene solle Gott, dem Herrn, darge-
stellt werden.
Der Greis sprach Maria an:

Simeon: Du! Woher kommst du?
Dein Kind, wer ist das?
Ich warte auf den Messias, den Heiland der Welt.
Gott hat es mir fest versprochen,
daß ich ihn sehen würde.
Und da dachte ich…

Erzähler: Maria nickte nur und zeigte ihm das Kind.
Da sagte Simeon:

Simeon: Darf ich es wohl einmal in meine Arme nehmen,
es anfassen?
Welch frohe Stunde, welch ein Glück!
Herr, du hast gehalten, was du versprochen hast.

| | Nun ist mein Leben erfüllt. |
| Erzähler: | Er ist das Licht, das die Erde und alle Menschen hell machen wird! |

Nun ist mein Leben erfüllt.
Er ist das Licht, das die Erde und alle Menschen
hell machen wird!

Erzähler: Aber dann wandte er sich an Maria
und wurde dabei ganz ernst.

Simeon: Du, Maria, wirst viel ausstehen wegen dieses
Kindes!
Es werden Leid und Schmerz deine Seele durch-
dringen wie ein Schwert.
Aber am Ende wird alles gut werden.

Erzähler: Maria hörte diese Worte, sie verstand nicht alles,
was da gesagt wurde,
aber sie bewegte diese Worte in ihrem Herzen.
Nachdem sie die Vorschriften des Gesetzes erfüllt hatten,
verließen sie den Tempel.

Die Reise des 12jährigen Jesus nach Jerusalem

Nach Lukas 2,41-52

Erzähler
Jesus
Maria
Josef

Erzähler: In jedem Jahr unternahmen Josef und Maria dieselbe Reise.
Sie zogen nach Jerusalem, wo der schöne Tempel stand.
Dort war ein Fest: das Paschafest.
Alle Menschen im Lande Israel gingen dorthin.

Jesus: Sag, Mutter, es ist so viel Unruhe im Haus.
Was ist los? Wollt ihr verreisen?

Josef: Du weißt doch, daß wir in jedem Jahr einmal nach Jerusalem gehen.
Zum großen Fest im Tempel Gottes.
Das tun alle richtigen Juden, die an Gott glauben.

Jesus: Ich bin noch nie in der Hauptstadt gewesen.
Leider!

Maria: In diesem Jahr bist du 12 Jahre alt.
Diesmal nehmen wir dich mit.
Du bist jetzt alt genug.

	Dann darfst auch du – zum ersten Mal – in das Haus Gottes,

Dann darfst auch du – zum ersten Mal – in das
Haus Gottes,
in den großen Tempel gehen, um dort zu beten.

Jesus: Ich freue mich sehr auf das Gotteshaus.
Ich habe von euch schon so viel davon gehört.
Ich mache meine Reisesachen zurecht.

Erzähler: Es war eine schöne Reise.
Es ging bergauf und bergab.
Es waren viele Menschen auf dem Weg zum
Paschafest.
Und all diese Menschen gingen singend ihren
Weg.
Dann kamen sie an einen Berg,
und von dort sahen sie die weißen Häuser Jerusalems.
Wie froh waren sie.
Sie sahen auch den schönen Tempel.
Sein Dach leuchtete golden.
Es war das schönste in der ganzen Stadt.
Es war ja auch das Haus Gottes!
Es ist das Haus meines himmlischen Vaters,
dachte Jesus und war sehr froh.
Sie zogen alle in den Tempel ein,
denn dort wurde das Fest gefeiert.
Sie brachten ihre Opfer dar und sangen ihre
Gebete.
Jesus betete auch.
Er redete mit seinem himmlischen Vater.
Es war schön im Tempel.
Er dachte: Am liebsten möchte ich immer hier
sein.
Er hoffte, daß das Fest noch lange dauern werde.
Das Fest dauerte sieben Tage.
Aber dann war es zu Ende.

Und die Menschen gingen wieder nach Hause zurück.
Auch Josef und Maria gingen wieder zurück.
Weil sie aber Jesus nicht sahen, wurden sie unruhig.
Sie dachten: Er ist so verständig.
Er ist sicher bei den Verwandten.
Die sind schon etwas voraus.
Wir werden ihn schon wiederfinden.
Aber sie sahen ihn nirgends.

Maria: Josef, kannst du das verstehen?
Wo mag er nur geblieben sein?

Josef: Wir haben uns schon überall erkundigt.
Keiner weiß, wo er ist!

Maria: Auch bei der Kindergruppe ist er nicht,
da hab ich zuerst gefragt.

Josef: Wenn er nicht hier ist,
dann muß das einen Grund haben.
Irgend etwas Wichtiges muß passiert sein,
denn sonst wäre er bestimmt bei uns.

Maria: Er ist ja auch kein Kind mehr.
Er ist schon 12 Jahre!

Josef: Dann müssen wir ihn suchen gehen.
Am besten, wir gehen den Weg noch einmal zurück.
Irgendwo muß er doch sein.
Ohne ihn gehe ich jedenfalls nicht nach Hause.

Maria: Nein, ich auch nicht.
Wir wollen ihn suchen gehn!

Erzähler: So gingen sie beide zurück nach Jerusalem.
Sie liefen durch die Straßen und suchten ihn überall.
Maria fragte die Leute,
ob sie wohl ihr Kind gesehen hätten.

Aber alle schüttelten sie nur den Kopf.
Da bekam Maria große Angst.
Wo mochte ihr Kind nur sein?
Es war nicht bei ihnen geblieben, warum nur?
Und sie suchte weiter, drei Tage lang.
Dann fand sie ihn wieder: im Tempel.
Die Menschen waren fast alle fort.
Nur die Priester waren noch da und andere weise Männer.
Und als sich Maria umschaute,
sah sie auf einmal Jesus.
Er saß ganz ruhig zwischen all den großen und weisen Leuten
und hörte zu, was sie zu sagen hatten,
und er stellte viele Fragen.
Sie waren sehr verwundert,
denn sie hatten noch nie einen Jungen gesehen,
der so verständig war und so gute Antworten geben konnte.
Maria eilte auf ihn zu.

Maria: Kind, warum bist du hiergeblieben?
          Dein Vater und ich hatten große Sorge um dich.
          Wir haben dich überall gesucht.

Jesus: Aber Mutter! Warum habt ihr mich denn gesucht?
          Wußtet ihr denn nicht,
          daß hier das Haus meines himmlischen Vaters ist?
          Und daß ich hier sein mußte?

Josef: Hättest du uns denn nicht Bescheid sagen können?
          Wir haben überall nach dir gefragt.

Jesus: Weißt du, Mutter, das Gespräch mit den Priestern im Tempel war so spannend,

daß ich darüber alles andere vergessen habe.
Und die Zeit des Aufenthalts hier war viel zu kurz.
Für Gott muß man sich Zeit nehmen.

Erzähler: Sie zogen nun zusammen nach Hause, nach Nazareth.
Dort wohnte Jesus bei ihnen, bis er groß war.

(Frei nach Anne de Vries)

Die Berufung der ersten Jünger Jesu

Nach Lukas 5,1-16

Erzähler
Petrus
Jünger
Jesus

Erzähler: Ein Schiff lag am Ufer des Sees.
Es gehörte dem Simon Petrus.
Bei ihm waren Andreas, sein Bruder, und seine Helfer.
Sie wollten ausfahren, um Fische zu fangen.
Petrus sagte:

Petrus: Ich gehe fischen, das Wetter ist günstig.
Ich hoffe auf einen guten Fang.
Wer von euch hat Lust, mitzugehen und mir zu helfen?

Jünger: Ich fahre mit, Petrus, die anderen auch.
Wir helfen dir gern.

Erzähler: Da stiegen sie alle in das Fischerboot
und fuhren auf den großen See hinaus.
Draußen warfen sie ihre Netze ins Wasser
und fischten die ganze Nacht.

Petrus: Wir haben uns schon die ganze Nacht über so angestrengt,

	aber wir haben nichts gefangen, keinen Fisch, nicht einen.
Jünger:	Ja, die ganze Mühe war umsonst. Heute hatten wir kein Glück!
Erzähler:	Da sahen sie einen Mann am Ufer stehen, den sie kaum erkennen konnten, weil es noch so dunkel war. Und der rief ihnen etwas zu:
Jesus:	He, ihr Fischer, werft eure Netze nochmal aus! Nehmt die andere Seite eures Schiffes, dann werdet ihr Fische fangen!
Jünger:	Ob das wohl Zweck hat? Wo wir es doch schon so lange ohne Erfolg versucht haben, die ganze Nacht über?
Petrus:	Doch, wir wollen es wenigstens noch einmal versuchen. Herr, auf dein Wort hin! Los, Leute, werft die Netze nochmal aus!
Erzähler:	Und das taten sie auch. Und als sie dann die Netze wieder hochziehen wollten, da hatten sie alle Mühe, denn die Netze waren übervoll.
Jünger:	Ihr müßt alle mit anpacken. Allein schaffen wir es nicht. Das ist ja ein wunderbarer Fang. Ich bin froh, daß wir getan haben, was der Fremde uns gesagt hat.
Petrus:	Das war kein Fremder. Ich weiß es jetzt: Es ist Jesus, der mit uns gesprochen hat, Jesus von Nazareth!
Erzähler:	Ja, es war der Herr. Und so ruderten sie schnell zum Ufer zurück. Sie kamen ans Land und zählten die Fische.

Jünger:	So viele hatten wir noch nie.
	Und wir wollten schon aufgeben.
Petrus:	Und die Netze sind nicht zerrissen.
	Sie haben gehalten.
	Es ist ein Wunder.
Erzähler:	Aber Jesus, der Herr, wollte den Fischern vom See mit diesem Ereignis
	etwas ganz Wichtiges erklären.
	Es sollte ein Zeichen sein.
	Darum sagte er:
Jesus:	Geht also hin, ich sende euch zu den Menschen.
	Ihr sollt jetzt nicht mehr Fische fangen,
	sondern Menschen für Gott gewinnen.
Petrus:	Ich glaube, wenn wir tun, was uns der Herr sagt,
	dann wird uns alles gelingen, was er uns aufträgt.
	Ich gehe, auf sein Wort hin.
Jünger:	Ja, dann handeln wir ja nicht,
	weil wir es so wollen,
	sondern weil er uns dazu beauftragt.
Petrus:	Ich versuche jedenfalls, immer das zu tun,
	was er mir sagt.
Erzähler:	Und sie gingen hin, mit großer Freude.
	Sie gingen in seinem Namen und in seinem Auftrag,
	und sie verkündigten überall,
	daß Gottes Reich ganz nahe sei.
	Und sie gewannen viele Menschen für Jesus.

Jesus segnet die Kinder

Nach Markus 10,13-16

Erzähler
Mutter
Apostel
Jesus

Erzähler:	Eine Gruppe von Müttern kam über die Straße, um sie herum liefen viele Kinder. Die Kleinen trugen sie auf dem Arm, die Größeren hielten sie an der Hand. Einige liefen auch voraus. Sie alle sahen sehr froh aus, als ob sie zu einem schönen Fest gingen. Sie wollten zu Jesus. Die Mütter dachten:
Mutter:	Unsere Kinder sollen Jesus auch kennenlernen. Wir wollen sie zu ihm bringen. Sie haben schon so viel von ihm gehört. Immer wieder fragen sie nach ihm.
Erzähler:	Und dann wollten die Mütter Jesus auch eine Bitte vortragen. Sie wollten ihm sagen:
Mutter:	Jesus, du kannst die Menschen froh machen. Mach unsere Kinder auch glücklich und leg ihnen die Hände auf. Segne sie alle.

Erzähler:	Ja, das wollten die Mütter Jesus sagen, wenn sie bei ihm sein würden. Als sie bei ihm ankamen, gingen gerade ein paar Leute fort, die mit ihm gesprochen hatten. Sie sahen alle sehr glücklich aus. Da rief eine der Frauen:
Mutter:	Das trifft sich ja günstig. Jetzt sind wir dran. Jetzt gehen wir zu Jesus mit unseren Kindern!
Erzähler:	Aber die Jünger Jesu sahen die vielen Kinder kommen und auch ihre Mütter mit den Kleinen auf dem Arm. Sie hielten sie auf und riefen:
Apostel:	Halt! Stop! Wo wollt ihr hin? Wollt ihr mit euren Kindern etwa auch zu Jesus? Sie sind doch noch viel zu klein. Die können doch noch gar nicht verstehen, was Jesus sagt. Geht heim. Kommt später wieder. Außerdem ist Jesus jetzt ganz erschöpft. Er braucht Ruhe. Heute war hier schon so viel los.
Erzähler:	Aber Jesus hatte das gehört. Diese Reden seiner Jünger gefielen ihm gar nicht. Ja, er ärgerte sich sogar etwas darüber. Er wurde unwillig und rief den Müttern zu:
Jesus:	Kommt nur, ihr alle, geht nicht heim. Bringt alle Kinder her zu mir.
Erzähler:	Und zu den Jüngern sagte er:
Jesus:	Warum wollt ihr sie denn wegschicken? Laßt sie alle kommen, denn für sie ist Gottes Reich zuallererst da.

Erzähler:	Als das die Kinder hörten, liefen sie zu Jesus.
	Sofort mochten sie ihn sehr gern.
	Vor Jesus hat ja auch noch nie ein Kind Angst gehabt.
	So standen sie bei ihm und redeten mit ihm.
	Alles verstanden sie noch nicht.
	Aber eines begriffen sie: Jesus hat uns sehr gern.
	Und er legte ihnen die Hände auf und segnete sie.

(Frei nach Anne de Vries)

Seligpreisungen 1 –
Selig die Armen im Geiste

Nach Matthäus 5,1-12

> *Erzähler*
> *Frau aus dem Volk*
> *Mann aus dem Volk*
> *Pharisäer*
> *Schriftgelehrter*

Frau: Diesen Tag – dort am See – mit Jesus von Nazareth, den werde ich wohl nie in meinem Leben
vergessen.
Daß ich diesen Tag erleben durfte,
dafür bin ich Gott dankbar.

Mann: Ich war auch dabei, an diesem Tag.
Und mit mir viele Menschen aus allen Dörfern
der Umgebung.
Sie drängten sich heran, um Gottes Wort zu
hören.

Erzähler: Das war immer so, wenn Jesus auftrat.
Das ganze Volk war auf den Beinen.
Darum stieg Jesus auf einen kleinen Hügel.
Alle sollten sie ihn ja sehen und seine Worte
hören.

Frau: Und dabei gehören wir doch zu den kleinen
Leuten,

	mit denen sich sonst niemand abgibt.
	Er aber, dieser Jesus, redet hauptsächlich zu uns.
Erzähler:	Das tat den Leuten gut, man merkte es.
	Aber es waren auch Pharisäer gekommen und Vertreter des Hohen Rates.
	Sie mischten sich unter das Volk, um zu spionieren.
Pharisäer:	Ich bin gespannt, was dieser Jesus den vielen Leuten heute wieder erzählen wird
	und womit er das Volk heute wieder in Bewegung bringt.
Schrift-gelehrter:	Das muß man diesem Jesus ja lassen: predigen kann er.
	Er hat Macht über die Herzen der Menschen.
	Ich könnte ihm stundenlang zuhören.
Erzähler:	Es war aber auch ein schöner Tag, dort am See Genesareth.
	Die Wellen schlugen leise gegen das Ufer,
	die Sonne schien hell, und ein warmer Wind wehte sanft über die Hügel.
	Viele Leute saßen im Gras, andere standen um Jesus herum.
Frau:	Jesus sah uns an. Er sah uns alle,
	die Männer, die Frauen und auch die Kinder, die gekommen waren.
	Und was er sagte, machte uns alle sehr froh.
Jesus:	Ihr dort, ihr Kleinen, ihr dürft euch freuen.
	Ihr alle aus dem Volk, für euch beginnt das Reich Gottes.
Pharisäer:	Das ist stark. Das kann er nicht sagen, das darf er nicht.
	(Laut) Jesus, das dumme Volk, diese Leute da,

	kennen das Gesetz des Mose nicht, und sie halten es auch nicht.
	Sie haben von Gott nichts zu erwarten.
Jesus:	Glaubt es mir, gerade ihr Armen. Selig seid ihr! Einige werfen euch vor,
	daß ihr nicht in der Bibel lesen könnt
	und Gottes Gebote nicht haltet.
	Ist das etwa eure Schuld?
	Jeder, der Sehnsucht hat nach Gott,
	dessen Hoffnung wird sich einmal erfüllen.
Frau:	Wie findet ihr das? Jesus, rede weiter!
Schrift-	
gelehrter:	Weiberpack, schweigt! Ihr habt hier nichts zu suchen.
	Fort mit euch! Ihr seid nichts wert vor Gott.
	Bei ihm gelten nur die Männer.
	Sag, Jesus, wie kannst du nur diesen Frauen Gottes Reich versprechen?
Jesus:	Komm doch mal her.
	Bist du nicht ein Schriftgelehrter?
	Du kennst doch die Bücher des Mose.
	Was steht denn da im ersten Buch – ganz vorne – über die Erschaffung des Menschen?
	Nun?
Schrift-	
gelehrter:	Und Gott schuf den Menschen,
	als sein Bild und Gleichnis,
	als Mann und Frau schuf er sie.
Jesus:	Als Mann und Frau! Du sagst es.
	Beide sind also Abbild und Gleichnis Gottes.
Frau:	Einige von uns Frauen klatschten vor Freude in die Hände,
	andere tanzten miteinander.
Mann:	So etwas habe ich noch nie gehört,

	so klar und so deutlich hat uns das noch keiner gesagt.
Frau:	Das ist der glücklichste Tag meines Lebens.
	»Selig seid ihr«, hat er gesagt.
	Jesus hat uns mit diesen Worten alle sehr froh gemacht.
	Keiner ist verloren.
Mann:	Es gibt keine Menschen zweiter Klasse.
	Gott liebt sie alle!
Pharisäer:	Wenn das der Hohe Rat vernimmt,
	werden sie ihn vertreiben.
	Dieser Jesus muß weg!
	Er hält zu den Kleinen und ist gegen uns.
	Den Armen verspricht er das Himmelreich.
	Unerhört!
Erzähler:	Aber alle, die dort gewesen waren, gingen sehr froh nach Hause.
	Und sie erzählten überall, was Jesus gesagt hatte.

Seligpreisungen 2 –
Selig die Trauernden

Nach Matthäus 5,1-12

Nachbar
Nachbarin
Sohn
Tochter
Jesus

Nachbar: Wir alle wohnen am See Genesareth,
in einem Dörfchen an der Straße nach Kaphar-
naum.
Unsere Häuser sind nicht groß.
Wir sind einfache Leute.

Nachbarin: Heute war im Dorf eine Beerdigung.
Wir alle waren dabei.
Denn wir mochten die Frau sehr, die begraben
wurde.
Und uns taten auch die Kinder leid und der
Mann.
Sie waren sehr traurig.

Sohn: Nun haben wir sie begraben.
Sie war eine gute Mutter.
Ich hab' ihr viel zu verdanken.
Sie war geduldig und verständnisvoll.

Tochter: Und sie konnte erzählen, wenn es abends dunkel
wurde:

	von Mose und dem Paschafest,

von Mose und dem Paschafest,
vom Zug unseres Volkes durch die Wüste,
vom Land der Verheißung und vom Messias, der
kommen soll.
Sie war eine fromme Frau.

Sohn: Daß sie so sterben mußte, vor unsren Augen.
Ich kann es jetzt noch nicht fassen!

Tochter: Ihr Haus war immer in Ordnung, solange sie
gesund war.
Und auch später noch,
als sie schon Schmerzen hatte und am Stock
ging.
Geklagt hat sie nie.

Sohn: Eines Tages war sie vor das Haus getreten.
Da kommt so ein römischer Soldat vorbei und
brüllt:
Aus dem Weg mit dir, mach Platz!

Nachbar: Und weil sie nicht sofort hörte,
was er sagte, und weil sie nicht schnell genug
gehen konnte,
stieß der Soldat sie zur Seite.
Sie flog gegen den Türpfosten und blieb da liegen.
Erholt hat sie sich nicht mehr.
Ein paar Tage später war sie tot.

Nachbarin: Heute haben wir sie beerdigt, wir alle.
Und auf einmal war auch Jesus da und seine
Jünger.
Sie standen bei uns am Grab.

Tochter: Jesus, du bist hier?
Weißt du, was geschehen ist?

Jesus: Ja, ich habe es gehört, deshalb bin ich zu euch
gekommen.

Nachbarin: Siehst du die Kinder, wie traurig sie sind?
Und den Mann?

Tochter:	Ich bin ganz verzweifelt, was soll ich jetzt tun ohne sie?
	Sie war doch meine Mutter.
Jesus:	Selig, die ihr jetzt traurig seid,
	ihr sollt getröstet werden.
	Gott selbst wird eure Tränen abwischen
	und euer Leid in Freude verwandeln.
	Das müßt ihr mir glauben.
	Ich bin gekommen, um euch das zu sagen.
Sohn:	Und weißt du auch, wie sie gestorben ist?
	Ein Soldat hat sie zu Boden gestoßen,
	einfach so, weil sie nicht schnell genug aus dem Weg ging.
	Sie konnte ja nicht mehr so gut laufen.
Nachbar:	Wenn der noch einmal nach hier käme, dieser Römer, der könnte was erleben.
Sohn:	Ich könnte ihn eigenhändig umbringen.
	Aber der traut sich wohl nicht mehr in unsere Gegend.
Jesus:	Halt! Sprecht nicht so, nicht an diesem Tag.
	Selig sind die Friedfertigen,
	denn sie werden Söhne Gottes genannt werden.
	Vergeltet nicht Böses mit Bösem.
	Ist nicht schon genug Unrecht geschehen?
Sohn:	Soll er denn so davonkommen?
Jesus:	Nein, aber überlaßt es Gott.
	Richtet ihr nicht, damit ihr nicht gerichtet werdet.
	Werdet ihr nicht schuldig an ihm!
Nachbarin:	Dieser Jesus! Er vertreibt die Gedanken der Rache und der Vergeltung aus unseren Herzen.
Tochter:	Es ist gut, daß er zu uns gekommen ist.
	Ich bin jetzt nicht mehr so traurig.
Nachbar:	An diesem Tag spürten wir es alle ganz deutlich:
	Aus ihm redet Gott.

Jesus und seine Verwandten

Nach Matthäus 12,46-50 und Markus 3,31-35

Erzähler
Zuhörer 1
Zuhörer 2
Jesus
Maria

Erzähler: Ich erzähle euch heute eine Begebenheit aus dem Leben Jesu.
In Gedanken stelle ich mich mitten unter die Leute,
die damals dabei waren, und höre zu.
Es waren viele Leute da.
Von überall her waren sie gekommen,
aus den Dörfern und Städten und der ganzen Umgegend.
Das war immer so, wenn Jesus auftrat
und die Frohe Botschaft verkündete.
Das ganze Haus war voll.
Viele Menschen standen auch im Flur, an der Tür, ja sogar draußen.
Und sie konnten zuhören.
Sie konnten ganz still sein, um alles zu verstehen.
Es war ja auch spannend, was Jesus erzählte.
Da sagte einer leise:
Zuhörer 1: Wo kommen nur all die vielen Menschen her?

Alle wollen sie Jesus reden hören.
Was er sagt, das macht einen auch richtig froh.
Ich könnte ihm stundenlang zuhören.

Zuhörer 2: Seht, da hinten kommen wieder neue Zuhörer.
Die wollen sicher auch hierher.
Es ist doch kaum noch Platz da.
Aber ich kann die Leute gut verstehen.
Alle wollen sie Jesus hören.

Erzähler: Aber die Leute, die jetzt kamen, waren keine Leute aus der Umgebung. Es waren: Maria, seine Mutter, und einige Verwandte von Jesus. Sie hatten lange nichts mehr von ihm gehört und wollten ihn jetzt einmal wiedersehen.

Maria: Das ist heute aber sehr voll hier.
Da kommen wir nicht durch!
(Laut) He, Leute, wir möchten Jesus sprechen.
Wir sind seine Verwandten.
Sagt ihm das.
Ich bin Maria, seine Mutter,
und auch die anderen gehören zu seiner Familie.

Zuhörer 1: Seid ruhig.
Hört ihr nicht, daß Jesus gerade redet?
Ihr stört nur.
Wir können jetzt den Jesus nicht unterbrechen.
Wartet draußen.

Jesus: Was ist das für eine Unruhe?
Warum stört ihr uns?
Was ist da draußen los?
Wer will mich sprechen?

Zuhörer 2: Draußen ist eine Frau,
die sagt, sie heiße Maria und sei deine Mutter,
und da sind noch ein paar andere Leute,
die sagen, sie seien deine Verwandten.
Sie wollen dich sprechen!

	Du sollst herauskommen.
	Sie wünschen, dich zu sehen.
Jesus:	Hört mir alle zu!

Jesus: Du sollst herauskommen.
Sie wünschen, dich zu sehen.

Jesus: Hört mir alle zu!
Draußen steht Maria,
sie ist meine Mutter,
und da sind auch meine Verwandten,
sie wollen mich sprechen.
Aber das geht jetzt nicht.
Denn ich gehöre jetzt nicht mehr meiner Mutter Maria und meiner Familie.
Ich gehöre jetzt allen Menschen.
Ich bin doch für euch alle da.
Ihr seid jetzt meine Brüder und meine Verwandten.
Ihr alle seid jetzt die Familie der Kinder Gottes.
Ihr alle seid untereinander Brüder und Schwestern.

Zuhörer 1: Was, du bist jetzt unser Bruder?
Und wir alle sind Kinder Gottes?
Wir gehören jetzt alle zur selben Familie?

Jesus: Das sage ich euch.
Jeder, der den Willen Gottes tut,
der ist mein Bruder oder meine Schwester.
Jeder, der auf Gott hört und an ihn glaubt,
der ist mein Verwandter, der gehört zur Familie der Gotteskinder.

Zuhörer 2: Dann sind *wir* also deine neuen Verwandten?
Wir sind jetzt deine Familie?
Wir gehören zu dir und du gehörst zu uns?

Jesus: Ja, so ist es.
Darum bin ich in die Welt gekommen,
um alle Menschen guten Willens zu einer neuen Familie zu machen.

Zuhörer 1: Und Maria, deine Mutter?

	Die wartet draußen.
	Was sollen wir ihr sagen?
Jesus:	Sagt ihr, daß sie später wieder bei mir sein wird.
	Dann werde ich sie und alle Menschen ganz froh machen.
	Aber jetzt muß ich zu allen sprechen, und ich weiß, daß sie das versteht.
Erzähler:	Und Maria verstand sofort. Sie merkte:

Er gehört jetzt nicht mehr mir allein und meinen Verwandten.

Er ist der Verkünder einer neuen Botschaft für die ganze Welt.

Ich darf ihn jetzt nicht stören.

Und sie stand da, bei den anderen, und hörte zu.

Jetzt waren sie alle Brüder und Schwestern geworden.

Der Sturm auf dem Meer

Nach Lukas 8,22-25

Erzähler
Petrus
Apostel
Jesus

Erzähler:	Einmal wollten Jesus und seine Jünger hinüber an die andere Seite des Sees Genesareth, das war ein schöner Weg, er führte am Ufer des Sees entlang.
Petrus:	Seht ihr nicht, wie müde Jesus ist, er kann ja kaum noch weiter. Ob er wohl den ganzen Weg schafft?
Apostel:	Petrus, können wir nicht dein Boot nehmen? Das liegt doch hier ganz in der Nähe. Damit könnten wir hinübersegeln ans andere Ufer.
Erzähler:	Petrus war ein Fischer, früher, bevor Jesus ihm gesagt hatte: Folge mir nach. Und er hatte ein schönes Boot. Das könnten sie nehmen. Da sagte Jesus:
Jesus:	Ja, Petrus, wir nehmen dein Boot. Wir wollen auf die andere Seite des Sees hinüberfahren.

Apostel:	Ob wir das wohl noch schaffen?
	Ich glaube, es gibt Sturm.
	Der Himmel ist schon ganz schwarz.
Petrus:	Keine Sorge. Bis das Gewitter hier ist, sind wir längst drüben.
	Wir haben günstigen Wind.
	Oder hast du etwa Angst?
Erzähler:	So fuhren sie los. Sie setzten die Segel.
	Jesus saß hinten im Boot zwischen den Netzen.
	Der Wind sang leise in den Segeln,
	das Wasser rauschte am Bug.
	Petrus gab die Kommandos.
Apostel:	Seid nicht so laut. Jesus ist eingeschlafen.
	Er liegt ganz friedlich da hinten und ruht sich aus.
Erzähler:	Aber plötzlich war der Sturm doch da.
	Er brauste gewaltig heran.
	Das Meer wurde aufgewühlt,
	und bald schon schlugen die ersten Wellen in ihr Schiffchen.
	Das Segel riß entzwei, es entstand Panik.
Apostel:	Wir schaffen es nicht!
	Das Boot schlägt voll!
	Gleich gehen wir unter!
Erzähler:	Ja, es sah wirklich gefährlich aus.
	Das Schiff tanzte auf den Wellen.
	Es gehorchte nicht mehr dem Steuer.
Apostel:	Weckt Jesus auf! Beeilt euch, na los!
Petrus:	Meister, hilf uns, wir gehen unter.
	Wach auf, oder kümmert es dich nicht,
	daß wir im Sturm versinken?
Erzähler:	Jesus erhob sich sofort.
	Und er schaute sich um.
	Er stand ganz ruhig hinten im Boot.

Er sah die hohen Wellen, und er hörte den Sturm toben,
aber er war überhaupt nicht aufgeregt.

Jesus: Habt Mut! Nur keine Angst!
Das schaffen wir schon.
Der Wind läßt auch schon nach.
Und da ist auch schon das andere Ufer.
Bald sind wir da!

Erzähler: Merkwürdig, von Jesus ging eine seltsame Kraft aus,
die sich auf die Jünger übertrug.
Sie hatten ihren Mut wiedergefunden,
und bald waren sie wirklich am Ufer.

Petrus: Dieser Jesus! Gut, daß wir ihn bei uns hatten.
Ich glaube, mit ihm schaffen wir alles.

Die wunderbare Brotvermehrung

Nach Johannes 6,1-12

Erzähler
Jünger 1
Jünger 2

Erzähler: Überall, wo Jesus hinkam und predigte,
strömten die Menschen zusammen.
Sie wollten ihn hören, wenn er vom Reich Gottes
sprach.
Aber manchmal zog er sich mit seinen Jüngern
zurück, um zu beten.

Jünger 1:   Wir gehen mit dem Meister an das andere Ufer
des Sees,
um allein zu sein.
Jesus ist erschöpft von den vielen Menschen,
die ihn ständig umlagern.

Jünger 2:   Ja, er ist müde.
Und wir sind es auch.
Ziehen wir uns eine Weile zurück in die Wüste
dort.

Erzähler: Aber die Leute sahen,
daß Jesus und seine Freunde über den See ge-
fahren waren,
und folgten ihnen am Ufer entlang.

Und es kamen immer mehr Menschen;
sie hatten die Zeichen gesehen, die er gewirkt
hatte.

Jünger 1: Sie sind uns alle gefolgt, fast 5000.
Ich kann sie gut verstehen.
Es ist aber auch wirklich spannend, Jesus zuzu-
hören.
Er versteht es, die Herzen der Menschen zu be-
wegen.

Jünger 2: Wenn ich ihn so höre, spüre ich, was er sagen
will.
Ich bin dann wie verwandelt.

Jünger 1: Er macht die vielen Leute, uns alle, zu neuen
Menschen.
Er macht uns zu Brüdern und Schwestern, zu
Kindern Gottes.

Jünger 2: Er will uns allen sagen, daß jetzt eine neue Zeit
anbricht,
in der Neid und Ichsucht vergehen.
Er macht Feinde zu Freunden und Nachbarn zu
Brüdern.
Er verwandelt sie alle.

Erzähler: So wurde es Abend.
Alle waren sie bei Jesus geblieben,
damit ihnen keines seiner Worte entginge.

Jünger 1: Sie müssen doch Hunger haben.
So lange harren sie hier schon aus,
und viele haben noch einen weiten Weg vor
sich.

Jünger 2: Er muß sie wirklich bald fortschicken,
zu ihren Familien zurück.

Erzähler: Aber Jesus hat keinen von ihnen weggeschickt.
Er hat gesagt, sie sollen sich setzen, da, wo es
viel Gras gibt.

Und so lagerten sie alle und schauten zu Jesus hin.

Jünger 1:	Verstehst du das?
	Können wir etwa noch jetzt Brot kaufen gehen?
	Für so viele?
Jünger 2:	Er hat gesagt, gebt ihr ihnen zu essen.
	Er hat uns damit gemeint.
	Wie soll ich das nur verstehen?
	Wir haben doch nichts.
Jünger 1:	Doch, da ist ein Junge, der hat etwas,
	aber es sind nur 5 Gerstenbrote und 2 Fische.
	Was ist das schon!
Erzähler:	Jesus nahm die Brote und die Fische,
	segnete sie und sprach ein Dankgebet.
	Dann ließ er sie an alle Leute verteilen.
	Und alle aßen und wurden satt.
Jünger 2:	Ich kann es kaum glauben.
	Das Brot reicht für alle.
	Einer gibt es weiter an den anderen.
	Und sie haben sogar noch etwas übrig.
Erzähler:	Keiner dachte in diesem Augenblick nur an sich,
	an seinen eigenen Hunger.
	Jeder dachte auch an den, der neben ihm im Gras saß.
	Durch die Predigt Jesu waren sie alle eine große Familie geworden,
	die teilt und mitgibt.
Jünger 1:	Nie im Leben werde ich diesen Tag vergessen.
	Was ich hier erlebt habe, ist wie ein Wunder.
Jünger 2:	Ob das alle Leute begriffen haben,
	daß mit Jesus eine neue Zeit gekommen ist?

Jesus und die Ehebrecherin

Nach Johannes 8,1-11

Erzähler
Bewohner von Jerusalem
Frau – Ehebrecherin
Schriftgelehrter
Pharisäer
Jesus

Erzähler: Als die Bewohner von Jerusalem hörten,
daß Jesus im Tempel war,
um das Wort Gottes zu verkünden,
strömten sie zusammen, um ihm zuzuhören.
Und sie konnten still sein!

Bewohner: Es lohnt sich wirklich, diesem Rabbi Jesus zuzu-
hören.
Er ist einer von uns.
Er sucht die Verlorenen, er heilt die Kranken.
Den Blinden gehen die Augen auf,
und die Stummen wagen es wieder,
den Mund aufzutun.
Er ist wie ein Segen für unser ganzes Land.

Erzähler: Und während Jesus predigte,
kamen Schriftgelehrte und Pharisäer
und schleppten eine Frau hinter sich her.
Die aber sträubte sich und wollte sich losreißen.

Pharisäer: Los, Weib, komm mit!
Wir gehen zu Jesus.

Schrift-	
gelehrter:	Sie treibt es mit Männern!
	Wir haben sie auf frischer Tat ertappt.
Pharisäer:	Sie soll sich schämen,
	so etwas zu tun. Pfui!
Erzähler:	So schrien sie durcheinander
	und stellten die Frau vor Jesus hin.
	Er hörte auf zu predigen.
	Da wurde es ganz still im Tempel.
Jesus:	Ihr Herren, laßt die Frau los,
	ihr tut ihr ja weh.
Pharisäer:	Wir haben sie beim Ehebruch erwischt.
	Und dafür muß sie sterben.
	Nicht wahr, Jesus, du kennst doch auch das Gesetz des Mose.
	Er schreibt vor, eine solche Frau zu steinigen.
	Sie ist verloren.
Erzähler:	Alle waren gespannt,
	was Jesus wohl darauf sagen würde.
	Die Pharisäer wollten ihn auf die Probe stellen.
	Was würde er antworten?
Schrift-	
gelehrter:	Jesus, du darfst das Urteil sprechen,
	nach den Gesetzen und der Ordnung unseres Glaubens.
Erzähler:	Da bückte sich Jesus
	und schrieb mit dem Finger in den Sand.
Bewohner:	Alle verstanden wir sofort dieses Zeichen.
	Er schreibt das Urteil in den Staub des Bodens.
	Dort würde es schnell verweht werden.
Pharisäer:	Nein, Jesus, du mußt sie richtig verurteilen.
	Sie ist eine öffentliche Sünderin.
Jesus:	Eine Sünderin, sagst du?
	Dann steinigt ihr sie.

Aber wer von euch ohne Sünde ist,
der soll beginnen, der werfe den ersten Stein auf
sie.

Schrift-
gelehrter: Unerhört, dieser Jesus!
Kommt, laßt uns gehen.

Erzähler: Und da schlichen sie alle davon,
mit gesenkten Köpfen, einer nach dem anderen,
bis keiner mehr übrig war von ihnen.

Bewohner: Wir aber waren alle geblieben.
Wir wollten sehen, wie diese Geschichte zu Ende ginge.
Da stand nun die Frau vor Jesus. Sie schämte sich
sehr.

Jesus: Nun, Frau, sieh mich an.
Hat dich keiner verurteilt von diesen hohen Herren?

Frau: Keiner, Herr, nein, keiner!

Jesus: Dann will ich dich auch nicht verurteilen.
Aber geh hin und sündige nicht mehr.

Bewohner: Alle hatten wir die Lehre verstanden.
Jesus kam nicht, um zu verurteilen,
sondern um zu heilen.

Der barmherzige Samariter

Nach Lukas 10,25-37

Erzähler
Reisender
Rabbi
Levit
Samariter

Erzähler: Ich erzähle euch heute eine Geschichte,
die in der Bibel steht.
Eine Geschichte, die Jesus einmal erzählt hat,
um Menschen zur Hilfsbereitschaft anzuregen:
Ein Mann wollte eine Reise machen.
Er wohnte in Jerusalem, der Hauptstadt des Landes,
und wollte nach Jericho.
Der Weg dahin war mühsam und abgelegen.
Er sagte zu sich:
Reisender: Ein schwerer Weg ist das, und gefährlich.
Kein Haus steht da.
Und da ist auch kein Mensch.
Ringsum nur Berge, Schluchten und Höhlen.
Erzähler: Ja, wirklich, dieser Weg war gefährlich,
denn dort gab es auch Räuber.
Sie lagen auf der Lauer und warteten.
Und als sie den Mann herankommen sahen,
stürzten sie sich auf ihn und ergriffen ihn.

Reisender:	Laßt mich los!
	Ich habe nichts getan!
	Hört auf, ihr tut mir weh!
Erzähler:	Doch sie schlugen ihn weiter
	und nahmen ihm all sein Geld ab.
	Dann stießen sie ihn zu Boden und rannten weg.
	Und da lag er nun hilflos auf der Erde, halbtot.
	Laufen konnte er nicht mehr. Er dachte:
Reisender:	Wenn niemand kommt, der mir hilft,
	werde ich hier wohl umkommen.
	Allein schaffe ich es nicht,
	bis zur Stadt zu kommen.
Erzähler:	Als eine Weile vergangen war, hörte er Schritte.
	Er horchte.
Reisender:	Da kommt einer, endlich!
Erzähler:	Und da kam ein Mann in einem festlichen Gewand, ein Rabbi,
	der zum Tempel unterwegs war.
	Der würde sicher helfen, der würde Mitleid haben.
	Darum hob der Verwundete den Kopf
	und rief, so laut er konnte:
Reisender:	Du, Rabbi, hilf mir!
	Ich bin überfallen worden.
	Bitte, hilf mir!
Rabbi:	Tut mir leid, wirklich!
	Aber ich habe es eilig, ich muß zum Tempel,
	da darf man nicht zu spät kommen.
	Ich muß da die Predigt halten.
	Alle warten auf mich.
	Wenn ich nicht pünktlich wäre – undenkbar!
Erzähler:	Und er eilte mit großen Schritten davon.
	Da lag nun der arme Mann wieder ganz allein da

und jammerte vor sich hin.
Aber horch, da kam wieder einer.
Jetzt war es ein Levit, auch ein Diener Gottes.
Ob der wohl helfen würde?
Wieder rief der Verletzte:

Reisender: Du, halt an! Bleib stehen!
Hilf mir bitte, ich bin überfallen worden.
Alles tut mir weh.
Ich kann allein nicht weiterkommen.

Levit: Weißt du, was du da von mir verlangst?
Ich soll dir helfen und bei dir bleiben,
wo doch die Räuber vielleicht noch ganz in der
Nähe sind?
Das ist viel zu gefährlich.
Tut mir leid!
Und außerdem: Du bist ja ganz blutig und be-
schmutzt.
Da verderbe ich mir ja nur mein neues Gewand.
Nein, nein, das geht nicht!

Erzähler: Und auch er ging vorüber.
Auch er hatte gute Gründe dafür, wie er meinte.
Der Verletzte konnte kaum noch.
Sein Kopf tat ihm weh und sein ganzer Körper
auch.
Es wurde immer schlimmer.
Nun ist es bald aus, dachte er.
Doch da kam wieder einer des Weges.
Es war ein Mann auf einem Esel.

Reisender: Ach, du meine Güte, da kommt ja mein Feind.
Mit dem habe ich Streit.
Der wird sich sicher freuen,
wenn er mich hier so liegen sieht.

Erzähler: Aber das war ein Irrtum.
Der Mann, der jetzt kam,

	sah den Verwundeten daliegen und blieb sofort stehen.
	Und er begann zu reden:
Samariter:	Ach, du armer Kerl, wie siehst du denn aus!
	Warte, ich helfe dir!
	Du bist ja schlimm zugerichtet.
Erzähler:	Und er kniete sich neben ihm nieder
	und wusch ihm das Blut ab,
	legte ihm ein feuchtes Tuch auf die Stirn
	und gab ihm zu trinken.
Samariter:	Na, geht's jetzt besser?
	Tut es dir immer noch so weh?
Erzähler:	Dann hob er ihn auf seinen Esel, ganz vorsichtig natürlich,
	und führte ihn bis zum nächsten Gasthaus.
Reisender:	Ob der denn nicht gemerkt hat, daß ich sein Feind bin?
	Hat er mich vielleicht nicht erkannt?
Samariter:	Doch, ich habe dich gleich erkannt.
	Aber ich habe gar nicht erst lange gefragt,
	ob ich helfen soll.
	Ich habe einfach gehandelt.
	Das hat mir mein Herz so gesagt.
Erzähler:	Und damit wäre die Geschichte zu Ende, fast zu Ende.
	Als Jesus sie damals erzählte,
	hat er noch eine Frage angefügt.
	Er hat gefragt: Wer von diesen dreien hat wohl getan, was der Willle Gottes ist? –
	Der Rabbi, der Levit oder der Samariter.
	Und das ist wohl keine schwere Frage.

(Frei nach Anne de Vries)

Pharisäer und Zöllner im Tempel

Nach Lukas 18,9-14

Erzähler
Beobachter
Pharisäer
Zöllner

Erzähler: Jesus erzählte einmal den vielen Menschen,
die ihm zuhörten, eine Geschichte:
Es war eine Geschichte über das Gebet
und über die Güte Gottes zu uns Menschen.
Zwei Menschen, so erzählte Jesus, gingen in den Tempel.
Beide wollten mit Gott reden,
denn beide hatten ein Anliegen.
Aber hört, wie verschieden die beiden sind:

Beobachter: Da kommt einer von den Frommen.
Der kennt sich hier gut aus.
Der geht daher, als ob ihm der ganze Tempel gehöre.
Und er geht bis nach vorn, zur ersten Bank, zum besten Platz.
Und da, da kommt noch einer.
Nein, wie der aussieht!
Der hat nichts aufzuweisen vor Gott.

	Der ist ein Zöllner, den kenne ich, den Betrüger.
	Was der hier wohl in dem Tempel will?
Erzähler:	Aber hört erst einmal, was diese beiden sagen,
	wie sie mit Gott sprechen.
	Hört zuerst den Frommen, der ganz vorne steht:
Pharisäer:	Gott, ich danke dir, daß ich so gut bin.
	Ich habe viel geleistet.
	Ich kann viel aufweisen.
	Mir kann man nichts vorwerfen, auch du nicht, Gott!
	Ich bin nicht so wie der da hinten, dieser Betrüger.
	Ich bin kein Sünder, ich faste,
	gebe den Armen, ich bete jeden Tag!
	Da mußt du doch mit mir zufrieden sein, lieber Gott.
	Ich jedenfalls bin richtig stolz auf mich!
Erzähler:	Aber hört auch, was der andere auf dem Herzen hat,
	was er Gott sagt:
Zöllner:	Gott, hab Erbarmen mit mir.
	Sei wenigstens du mir gnädig.
	Ich bin ein Zöllner, keiner mag mich.
	Ich habe alles falsch gemacht.
	An mir ist nichts Gutes dran.
	Darum komme ich auch nicht näher, Herr.
Beobachter:	Wenn man diese beiden Männer beobachtet,
	den da vorne, und den da hinten –
	den Guten und Erfolgreichen und den Zöllner, diesen Sünder,
	dann fragt man sich, was jetzt Gott dazu sagt.
Erzähler:	Was Gott dazu sagt, das wissen wir.
	Denn Jesus hat uns die Antwort erzählt:
	Der Sünder, so sagt Jesus, fand bei Gott Gnade.

Sein Gebet gefiel Gott.
Der »Gute« aber wurde nicht erhört.
Im Gegenteil!
Das macht uns nachdenklich. Warum ist das so?
Weil der Gute überhaupt nicht gegebetet hat.
Er hat nur angegeben
und mit seiner Tüchtigkeit geprahlt.
Während der Zöllner Gott bat,
es noch einmal mit ihm zu versuchen.
Und da sagt Gott nie nein.

Der Sünder ging nach Hause als ein Freund Gottes.
Über den Frommen aber war Gott traurig.

Die Steuermünze

Nach Lukas 20,20-26

Beobachter
Erzähler
Pharisäer 1
Pharisäer 2
Jesus

Beobachter: Ich habe heute etwas erlebt, genau vor meiner Haustüre,
das ich euch erzählen möchte.
Jesus war dabei die Hauptperson, und er war großartig.
Er war in einem Gespräch mit angesehenen Pharisäern
und einigen Ratsherren von Jerusalem.

Erzähler: Wieder einmal hatten die Feinde Jesu den Beschluß gefaßt,
ihm eine Falle zu stellen,
in der sie ihn fangen könnten,
so glaubten sie jedenfalls.
Sie hatten sich eine Fangfrage ausgedacht,
und die Antwort darauf würde ihn ins Verderben führen.

Pharisäer 1: Hört,
was ich mir überlegt habe.
Wir fragen den Rabbi Jesus,

ob es erlaubt sei,
dem Kaiser in Rom Steuern zu zahlen.

Pharisäer 2: Eine gute Frage!
Wenn er wirklich sagt:
Nein, das dürfe man nicht tun,
dann können wir behaupten,
daß er das Volk aufwiegelt
und es gegen die Obrigkeit zum Ungehorsam
und zum Aufruhr anstiftet.

Pharisäer 1: Wenn er aber ja sagt, dann können wir verbreiten, daß er gegen sein eigenes Volk Israel ist,
weil er es mit den Römern
und den verhaßten Besatzungstruppen in unserem Land hält.

Beobachter: Ich sah sie kommen, die hohen Herren.
Sie machten vor Jesus eine ehrfürchtige Verbeugung und traten dann näher.
Sie grüßten ihn höflich,
denn er sollte ja nicht sofort merken,
in welcher Absicht sie zu ihm kamen.

Pharisäer 2: Sei gegrüßt, Rabbi Jesus,
wir wissen, daß du ein kluger Mann bist
und daß du niemandem nach dem Mund redest
und daß du immer die Wahrheit sagst.
Dürfen wir dir daher eine Frage stellen?

Pharisäer 1: Sag uns, ist es erlaubt,
dem Kaiser Steuern zu zahlen oder nicht?

Erzähler: Jesus durchschaute sie sofort.
Sie waren gefährlich.
Und ihre Frage war scheinheilig.

Jesus: Nun, ihr Herren,
hat jemand von euch zufällig eine solche Steuermünze bei sich,
in der Tasche oder im Mantel?

Pharisäer 2:	Ja, doch, natürlich. Ich habe eine.
	Na, wo ist sie denn geblieben?
	Ach, hier – in meinem Gewand ist sie!
Erzähler:	Und er zeigte die Münze vor,
	ganz stolz darüber, daß er sie bei sich hatte.
	Alle konnten sie ganz deutlich sehen.
Jesus:	Ach, wie interessant.
	Du hast also eine solche Steuermünze bei dir in deinem Mantel?
	Nun, das überrascht mich.
	Darfst du das denn?
Beobachter:	Ich konnte sehen, wie der Pharisäer ganz verlegen wurde,
	wie er einen ganz roten Kopf bekam,
	wie seine Lippen bebten und wie er nach Luft schnappte.
Erzähler:	Aber Jesus war noch längst nicht zu Ende mit seiner Antwort.
	Er wollte die Heuchler entlarven
	und ihre bösen Absichten vor allem Volk aufdecken.
	Darum sagte er:
Jesus:	Du scheinst diese Münzen häufig zu benützen.
	Diese hier ist ja schon ganz abgegriffen.
	Ich kann kaum noch erkennen, was darauf abgebildet ist.
	Weißt du es?
Pharisäer 1:	Es ist ein Dinar, Herr,
	mit dem Bild des römischen Kaisers und mit seiner Inschrift.
Jesus:	Mit einem Bild des Kaisers, sagst du?
	Nun, dann solltet ihr dem Kaiser auch seine Steuern bezahlen,
	weil sie ihm zustehen.

Pharisäer 2: Aber der Kaiser ist ein Heide, ein Ungläubiger, bedenke das!
Er ist ein Feind unseres Volkes Israel.
Unser Gott ist nicht auf seiner Seite,
sondern auf unserer Seite.
Wir sind sein Volk, Gottes Volk.

Jesus: Du hast recht. Darum gebt dem Kaiser seine Steuern,
aber gebt Gott die Ehre, die ihm zusteht,
ihm, unserem Gott.

Beobachter: Ich sah, wie sie ihre Köpfe senkten
und ganz beschämt davonschlichen.
Alle hatten wir ja mit angehört,
was der Rabbi Jesus diesen stolzen Herren geantwortet hatte.
Und alle freuten sich über Jesus.

Erzähler: Ja, Jesus war Herr der Situation,
die ihm beinahe hätte gefährlich werden können.
So schnell würde es wohl kein Pharisäer mehr wagen,
ihn mit einer listigen Frage hereinlegen zu wollen.
Ja, Jesus war wirklich ein weiser Mann.

Vom guten Vater
und dem verlorenen Sohn

Nach Lukas 15,11-31

Erzähler
Der Sohn
Der Vater
Bauer
Beobachter

Erzähler: Einmal erzählte Jesus seinen Zuhörern eine Geschichte über Gott, unseren Vater.
Ein Vater hatte zwei Söhne.
Sie wohnten zusammen in einem schönen Haus.
Sie hatten alles, was sie brauchten,
denn der Vater sorgte gut für seine Kinder.
Sie hatten schöne Kleider an und immer genug zu essen.
Und der Vater hatte seine Kinder beide sehr gern.
Der ältere Sohn tat jeden Tag seine Arbeit.
Er machte dem Vater viel Freude.
Und der Vater liebte ihn darum sehr.
Aber der Jüngere machte seinem Vater oft Kummer.
Er tat nicht, was sein Vater wollte.
Und trotzdem hatte der Vater auch ihn gern.
Einmal sagte der jüngere Sohn:

Sohn:	Ich bleibe nicht mehr länger zu Hause.
	Ich will fort, in die weite Welt.
	Dort ist es sicher viel schöner als hier.
Erzähler:	So meinte er.
	Er ging zu seinem Vater und sagte ihm:
Sohn:	Vater, ich will nicht mehr hier bleiben.
	Ich will in die Fremde ziehen.
	Bitte gib mir Geld, du bist ja sehr reich.
	Gib mir mein ganzes Erbteil.
Erzähler:	Der Vater war darüber sehr traurig.
	Denn er hatte ja beide Söhne sehr lieb.
	Und er hatte für sie beide alles getan.
	Darum sagte er:
Vater:	Mein lieber Sohn, zieh nicht fort,
	bitte, bleib hier bei mir!
Sohn:	Nein, Vater, ich will fort, ich bleibe nicht hier.
	Die Welt ist ja so schön, laß mich ziehen.
Erzähler:	Und er machte all seine Sachen fertig für die Reise.
	Er packte seine schönen Kleider ein,
	sattelte ein Kamel
	und tat all sein Geld in die Satteltasche.
Vater:	Ich kann dich nicht halten,
	wenn du es nicht willst.
	Aber das sollst du wissen,
	ich bin sehr traurig, daß du gehst.
	Ich werde immer an dich denken, jeden Tag.
	Du bleibst mein Sohn, trotz allem.
Erzähler:	So zog der Sohn fort, und der Vater hatte ihn verloren.
	Aber er konnte ihn nicht vergessen.
	Der Sohn ging in die weite Welt
	und kaufte sich viele schöne Dinge.
	Er hatte ja auch genug Geld.

Und darum hatte er auch viele Freunde,
mit denen er Feste feierte.
Er dachte, sein Geld und sein Glück gingen nie
zu Ende.
Aber eines Tages hatte er kein Geld mehr.
Seine Taschen waren leer.
Da verkaufte er sein Kamel, dann seinen schönen
Ring, dann alles, was er noch hatte.
Und auf einmal wollten auch seine Freunde
nichts mehr von ihm wissen.
Er war ja jetzt arm,
es gab keine schönen Feste mehr.
Er hatte Hunger.
Darum mußte er betteln gehen,
denn er fand keinen, der ihm half.
Schließlich kam er zu einem Bauern.
Der war reich und hatte viele Herden.
Er sagte:

Bauer: Junge, du kannst bei mir als Knecht arbeiten.
Ich suche einen, der meine Schweine hütet.

Erzähler: Und so arbeitete er bei einem reichen Bauern.
Seine Kleider, die er noch hatte, waren zerrissen,
und er bekam wenig zu essen.

Sohn: Soweit ist es also mit mir gekommen.
Schweine hüten muß ich, um nicht zu verhungern.

Erzähler: Doch da fiel ihm ein,
wie gut er es zu Hause gehabt hatte.
Ihm fiel sein guter Vater ein und sein älterer
Bruder.

Sohn: Ich hätte nicht fortgehen sollen von zu Hause.
Mein Vater war immer so gut zu mir.
In meinem Elternhaus hatte ich jeden Tag genug
zu essen.

	Und hier sterbe ich fast vor Hunger.
	Ich will wieder nach Hause gehen.
	Ja, das mache ich.
	Ich will zu meinem Vater zurückkehren.
Erzähler:	Und er stand auf und machte sich auf den Weg
	zu seinem Vater.
	Zu Fuß natürlich.
	Aber – was sollte er ihm sagen?
	So wie er jetzt aussah?
Sohn:	Mein Vater wird sicher sehr böse auf mich sein.
	Ich habe ja nicht auf ihn gehört.
	Und ich habe all das viele Geld verpraßt.
	Aber ich werde ihm sagen:
	Vater, ich bin schuldig geworden gegen dich.
	Das tut mir jetzt so leid.
	Hätte ich doch auf deinen Rat gehört.
	Ich bin nicht mehr wert, dein Sohn zu sein.
	Aber laß mich wenigstens bei dir als Knecht
	arbeiten.
Erzähler:	Ja, das wollte er sagen.
	Und so kam er in die Nähe seines Elternhauses.
	Als reicher Mann war er fortgegangen,
	und als ein Bettler kam er nach Hause zurück.
	Die Menschen erkannten ihn gar nicht mehr,
	so hatte er sich verändert.
	Sie sagten:
Beobachter:	Was ist denn das für ein schmutziger Kerl?
	Wie sieht der aus!
	Ganz zerrissen sind seine Kleider.
	Wo will dieser erbärmliche Bettler nur hin?
Erzähler:	Aber der Vater hatte ihn doch erkannt.
	Er hatte ja die ganze Zeit auf ihn gewartet.
	Er hatte jeden Tag an ihn gedacht
	und oft nach ihm Ausschau gehalten.

Und nun kam er zurück.
Er lief ihm entgegen.
Merkwürdig, er war gar nicht böse auf ihn.
Im Gegenteil.
Er umarmte seinen Sohn und begrüßte ihn:

Vater: Oh, mein Sohn, mein lieber Junge, wie froh bin ich,
daß du wieder da bist.
Komm mit ins Haus.

Sohn: Nein, Vater, ich bin ungehorsam gewesen gegen dich.
Ich verdien' es nicht mehr, dein Sohn zu sein.
Ich habe gesündigt und dir viel Kummer bereitet.
Das tut mir so leid.

Vater: Du bist noch immer mein Sohn.
Und ich hab' dich immer noch lieb.

Erzähler: Und der Vater rief die Knechte herbei und sagte zu ihnen:

Vater: Seht, dieser da ist mein Sohn, er ist wieder da!
Schnell, geht und holt ihm Kleider.
Und bringt Schuhe mit und einen schönen Ring.
Laßt uns ein Freudenfest feiern,
denn mein Sohn, der verloren war, ist wieder gefunden.

Erzähler: Und sie feierten ein großes Fest.
Am allermeisten freute sich der Vater, weil er seinen Sohn wieder hatte.

Diese Geschichte erzählte Jesus damals den Leuten.
Er wollte damit sagen,
daß Gott unser Vater ist,
der uns alle, seine Kinder, sehr lieb hat.
Und daß wir immer zu ihm zurückkehren dürfen,

wenn wir ihn einmal vergessen haben
oder etwas falsch gemacht haben.
Gott freut sich, wie ein Vater,
über jeden, der Fehler einsieht und zu ihm zu-
rückkehrt.

(Frei nach Anne de Vries)

Zachäus

Nach Lukas 19,1-10

Erzähler
Zachäus
Zöllner
Bewohner Jerichos
Jesus

Erzähler:	Wer kennt nicht Zachäus, den reichen Zachäus, den Oberzöllner von Jericho, der Palmenstadt? Wenn die Karawanen über die Jordanstraße zogen und durch Jericho kamen, mußten sie an seiner Zollstation vorbei. Dort hatte der Herr Zachäus zu bestimmen, welche Gebühren sie für ihre Waren zu zahlen hatten.
Zachäus:	Seitdem mir, dem Zachäus, das Amt des Oberzollaufsehers übertragen worden ist, bin ich wohlhabend geworden. Mir geht es nicht schlecht. An mir kommt keiner vorüber, der nicht das bezahlt, was ich für ihn bestimme. Und das ist nicht zu knapp.
Zöllner:	Er ist schon sehr reich geworden, mein Herr Zachäus.

Er hat sie alle betrogen,
die bei ihm durch den Zoll wollen.
Er verlangt einfach zu viel.

Bewohner: Den Zachäus, den mögen wir alle nicht.
Das ist ja wohl verständlich.
Alle hassen sie ihn,
sogar die Kinder machen einen weiten Bogen um ihn.
Er hat keinen Frieden in sich,
er sieht böse und düster aus.

Zachäus: Merkwürdig! Eigentlich bin ich – trotz meines vielen Geldes – gar nicht richtig glücklich.
Was nützt mir mein großes Vermögen,
wenn mich keiner mag, wenn sie mich alle verurteilen.
Du Gauner, so rufen sie hinter mir her.

Zöllner: Unser Herr häuft immer mehr Geld an,
aber dabei wird er immer trauriger und einsamer.
Ich bedauere den armen Kerl.

Zachäus: Nein, so kann es nicht weitergehen.
Soll ich es vielleicht so machen,
wie der Levi, mein Freund,
der früher auch einmal ein Zöllner war?
Er ist jetzt bei dem Rabbi Jesus
und ist sehr glücklich dabei geworden.

Erzähler: Und Zachäus beschloß, zu Jesus zu gehen,
wenn er wieder nach Jericho kommen würde.
Einmal war es so weit.

Zachäus: Das will ich tun. Zu Jesus gehen.
Vielleicht kann der mich auch so glücklich machen wie den Levi.
Ich muß wieder zum Frieden kommen, in meinem Herzen.
Auch mit den Bewohnern unserer Stadt Jericho.

Erzähler:	Als Jesus kam, liefen alle Leute zur Hauptstraße von Jericho,
	denn dort sollte er vorbeikommen.
	Auch Zachäus lief dorthin.
	Aber er kam zu spät.
	Alles war schon voll von Leuten, am ganzen Weg entlang.
Zachäus:	He, Leute, laßt mich durch. Ich bin Zachäus.
	Ich muß ganz nach vorn, denn ich bin klein.
	Hier hinten kann ich Jesus nicht sehen.
Bewohner:	Wir lassen dich nicht vor.
	Du läßt ja auch am Zoll niemanden vorbei.
	Geh woanders hin, du Betrüger!
Erzähler:	So ging Zachäus eilends davon und bestieg einen Feigenbaum.
	Denn er wollte auf jeden Fall Jesus sehen.
	Als Jesus zu der Stelle kam, sagte er:
Jesus:	Zachäus, steig eilends herab.
	Denn ich möchte heute in deinem Hause einkehren.
Bewohner:	Ja, weiß der Rabbi Jesus denn nicht, wer Zachäus ist?
	Dieser Gauner?
	Daß er uns alle betrogen hat, daß ihn keiner mag?
	Muß denn Jeus ausgerechnet zu dem gehen?
	Da gäbe es doch Bessere!
Erzähler:	Zachäus stieg eilends vom Baum herab
	und nahm Jesus mit Freuden in sein Haus auf.
	Er war sehr froh, daß Jesus bei ihm eingekehrt war.
Zachäus:	Wie hab' ich das verdient, Herr,
	daß du zu mir gekommen bist.
	Sie haben alle gemurrt deswegen.

Jesus:	Ich bin gekommen, zu retten und glücklich zu machen, was verloren war.
	Nicht die Gesunden brauchen den Arzt, sondern die Kranken.
Zachäus:	Herr, alles, was ich am Zoll zu Unrecht eingenommen habe,
	will ich zurückgeben, sogar vierfach.
	Und ich werde die Armen der Stadt reich beschenken.
Jesus:	Heute ist deinem Hause Heil widerfahren,
	denn auch du bist ja vom Stamme Abrahams.
Erzähler:	Und am folgenden Tag erzählte Zachäus allen, die es hören wollten, wie Jesus bei ihm eingekehrt war.
	Er war sehr glücklich.
	Sein Versprechen hielt er.
	Vieles von seinem Vermögen schenkte er den Armen.

Einzug Jesu in Jerusalem

Nach Matthäus 21,1-9; Lukas 19,28-40

Erzähler
Jünger 1
Jünger 2
Bewohner Jerusalems 1
Bewohner Jerusalems 2

Erzähler: Es war kurz vor dem Paschafest der Juden.
Alle frommen Israeliten versammelten sich in Jerusalem,
um dort Gott zu danken für die Befreiung ihrer Vorfahren
aus der Knechtschaft in Ägypten.
Auch Jesus und seine Jünger zogen nach Jerusalem.

Jünger 1:   Ich habe das ungute Gefühl,
daß dieser Weg nach Jerusalem für uns alle gefährlich sein wird.
Jesus hat in der Stadt viele Feinde,
die ihm nach dem Leben trachten.

Jünger 2:   Und er hat es selbst angedeutet, als er sagte:
»Siehe, wir ziehen hinauf nach Jerusalem.
Dort wird der Menschensohn den Hohepriestern
und den Schriftgelehrten ausgeliefert,
und sie werden ihn zum Tode verurteilen.«
So hab ich ihn sagen hören.

Jünger 1:   Hör auf mit diesen düsteren Gedanken.

Für mich ist Jesus der Messias.
Dort in Jerusalem wird er unser König werden.
Und er wird dann unsere Feinde, die Römer, aus dem Land vertreiben.
Er spricht und handelt ja wie einer, der Macht hat.

Jünger 2: Hoffentlich hast du recht.
Ich könnte es nicht verstehen,
wenn unser Meister sterben müßte.
Hat er doch allen geholfen und nur Gutes getan.

Erzähler: Auf dem Weg nach Jerusalem ritt Jesus auf einem Esel,
und die Jünger gaben ihm das Geleit.
Viele Menschen strömten zusammen,
als sie hörten, daß Jesus nach Jerusalem käme.
Sie hatten darauf ja auch schon so lange gewartet.

Bewohner 1: Da kommt er, gelobt sei der Herr.
Jesus kommt wirklich!

Bewohner 2: Hosanna dem Sohne Davids.
Gesegnet ist, der kommt im Namen des Herrn.

Bewohner 1: Er ist unser König.
Kommt, wir wollen ihm huldigen!

Erzähler: Viele breiteten ihre Kleider auf dem Wege aus
als Zeichen ihrer Verehrung.
Andere brachen Zweige von den Bäumen ab
und liefen ihm damit freudig entgegen.

Bewohner 2: Hosanna unserem König.
Hosanna in der Höhe.

Erzähler: So ritt Jesus in seine Stadt ein.
Aber seine Feinde in Jerusalem schliefen nicht.
Sie hatten längst beschlossen, ihn zu töten.
Und später starb Jesus hier am Kreuz für alle Menschen,
weil er sie alle liebte.

Der Verrat des Petrus

Nach Lukas 22

Erzähler
Petrus
Jünger
Jesus
Magd 1 (Türhüterin 1)
Magd 2 (Türhüterin 2)
Magd 3 (Türhüterin 3)

Erzähler: Es war nach dem letzten Abendmahl.
Jesus hatte Abschied genommen von seinen Freunden,
es war ja die Nacht vor seinem Tod.
Die Jünger spürten es ganz deutlich:
Nun geht er hin zum Sterben.

Petrus: Herr, glaub es mir, ich bin auf deiner Seite.
Mit mir kannst du rechnen,
was auch immer kommen mag.

Jünger: Wenn dir jemand etwas antun will,
dann werden wir dich verteidigen,
wir sind ja deine Freunde!

Petrus: Herr, ich verlaß dich nicht,
selbst, wenn ich mit dir ins Gefängnis gehen müßte.
Ich möchte lieber mit dir sterben, als ohne dich leben!

Jesus:	Ach, Petrus, rede nicht so daher.
	Du bist der erste, der mich verraten wird,
	der es mit der Angst zu tun bekommt,
	wenn es gefährlich wird.
	Dann wirst du einfach sagen,
	daß du mich gar nicht kennst.
Petrus:	Nein, Herr, glaub es mir.
	Ich doch nicht!
Jesus:	Denk daran, ehe der Hahn kräht, Petrus,
	wirst du mich dreimal verleugnen.
Jünger:	Merkst du es nicht, Petrus,
	daß Jesus all das, was vor ihm liegt, erleiden will,
	weil Gott es so will?
	Daß er immer alles tut,
	was sein himmlischer Vater ihm aufgetragen hat?
	Er wird sterben!
Erzähler:	Und dann kam Judas,
	und mit ihm eine große Schar von Soldaten,
	die mit Schwertern und Knüppeln bewaffnet waren
	und Fackeln trugen.
	Sie nahmen Jesu gefangen
	und schleppten ihn vor den Hohen Rat.
	Petrus folgte ihnen von weitem.
	Er drang sogar bis in den Vorhof des Hohenpriesters vor,
	wo ein helles Feuer brannte.
	Er wollte ja sehen, was mit Jesus passierte.
	Und dabei wurde er erkannt.
Magd 1:	He, du da, du gehörst auch zu diesem Jesus,
	den sie drinnen gerade verhören.
Petrus:	Ich? Nein, du irrst dich,
	ich kenne ihn gar nicht.
Erzähler:	Das sagte Petrus aus Angst,

denn er ahnte, was sie mit Jesus vorhatten:
Sie wollten ihn zum Tode verurteilen.
Aber es kam noch schlimmer.
Er hörte jemanden neben sich sagen:

Magd 2: Du da am Feuer, du warst doch auch mit Jesus zusammen.
Du bist einer von seinen Jüngern.
Zeig einmal dein Gesicht!

Petrus: Was redest du da, du dumme Frau.
Ich war nie bei ihm!

Erzähler: Aber so einfach kam Petrus nicht davon mit seinen vielen Lügen.
Eine andere Frau, die dort am Feuer stand,
schaute ihn genau an und sagte dann:

Magd 3: Ganz bestimmt! Du gehörst zu ihm.
Da bin ich ganz sicher.
Ich erkenne dich wieder.
Auch deine Sprache verrät dich.
Du stammst aus Galiläa, genau wie Jesus.
Hör auf, es zu leugnen.

Petrus: Ich schwöre bei Gott, daß ich nichts mit ihm zu tun habe.
Glaub mir!

Ezähler: Und in diesem Moment krähte ein Hahn.
Und als Petrus das hörte, erkannte er seinen Verrat.
Ganz verwirrt stürzte er auf die Straße.
Er lief weg und begann,
bitterlich zu weinen.

Die Passion

Nach Markus 14 und 15

Erzähler
1. - 3. Ratsherr (im 1. Teil)
1. - 3. Jünger (im 2. Teil)
1. - 3. Soldat (3. Teil)
1. - 3. Frau (im 4. Teil)
1. - 3. Kind
Judas
Simon von Cyrene

Erzähler: Es war kurz vor dem Osterfest.
Jesus wußte, daß die Stunde seines Todes nahe war.
Der Hohe Rat und die Pharisäer
suchten nur noch nach einer Gelegenheit, ihn zu verhaften.
Sie sagten:
1. Ratsherr: Er muß sterben.
So kann es nicht weitergehen.
Er muß weg!
2. Ratsherr: Er hat eine ganz andere Meinung von Gottes Gesetzen!
Er denkt nicht so wie wir.
Nein, er kann nicht von Gott gesandt sein!
3. Ratsherr: Wir müssen ihn verhaften!
Nur nicht gerade am Festtag.

	Das gäbe nur Aufsehen,
	denn das Volk liebt ihn und hält zu ihm!
1. Ratsherr:	Ach, die dummen Leute.
	Sie sagen, er sei ein großer Prophet.
2. Ratsherr:	Ja, darum müssen wir vorsichtig planen.
	Am besten ergreifen wir ihn nachts,
	wenn es keiner merkt!
Judas:	Ich bin Judas!
	Ich kenne den Ort, wo er in der nächsten Nacht
	sein wird.
	Es ist am Ölberg.
	Dort könnt ihr ihn verhaften.
	Und niemand wird es sehen!
3. Ratsherr:	Ist das auch wahr?
	Weißt du das genau?
Judas:	Ich weiß es genau.
	Ich bin sein Freund!
1. Ratsherr:	Du bist sein Freund, Judas,
	und doch verrätst du ihn uns?
	Ich kann dich nicht verstehen!
Judas:	Ich *war* sein Freund.
	Aber das ist jetzt vorbei!
	Gebt mir jetzt das versprochene Geld:
	30 Silberlinge,
	dann sage ich es euch!
2. Ratsherr:	Du wirst dein Geld bekommen.
	Wir danken dir.
3. Ratsherr:	Heute abend, sagst du?
	Gut, dann zeig unseren Knechten den Weg!
Judas:	Ich werde kommen, genau zur rechten Zeit.
	Dann zeige ich euch den Weg.
	Am besten verabreden wir noch ein Zeichen,
	woran die Soldaten Jesus erkennen können.
1. Ratsherr:	Welches Zeichen willst du wählen?

Judas:	Ich werde ihn küssen, das ist hier so üblich unter Freunden!
1. Kind:	Mit einem Kuß verrät Judas den Jesus, seinen besten Freund!
2. Kind:	Jesus kann sich auf diesen Freund nicht verlassen! Er wird von ihm gemein betrogen.
3. Kind:	Der Freund wird zum Feind.
Alle Kinder:	Jesus wird verraten, er wird verkauft, er wird verhaftet.
Erzähler:	Am Abend nach dem letzten Abendmahl mit seinen Freunden ging Jesus zum Ölberggarten. Er wählte dort den Petrus, den Jakobus und den Johannes aus, sie sollten weiter mit ihm gehen. Jesus hatte Angst, denn er wußte, was ihm bevorstand. Darum war es gut, daß drei Freunde bei ihm waren.
Petrus:	Jesus, ich gehe mit dir, was auch kommen mag!
Jakobus:	Selbst wenn wir alle sterben müßten. Wir halten zu dir!
Johannes:	Du kannst dich ruhig auf uns verlassen. Wir lassen dich nicht allein! Wir sind ja deine Freunde!
1. Kind:	Jesus hat Angst. Denn sein Leiden steht kurz bevor.
2. Kind:	Da ist es gut, daß seine besten Freunde bei ihm sind.
3. Kind:	Und Jesus betet in seiner Angst zu seinem himmlischen Vater.

Erzähler:	Ja, Jesus betete:
	Vater, du mein guter Vater.
	Alles soll so geschehen,
	wie du es willst.
	Stärke mich!
Petrus:	Ich bin eingeschlafen, ich war zu müde.
	Ich, Petrus, habe ihn allein gelassen!
Jakobus:	Auch ich habe geschlafen.
	Er kann sich auf mich nicht verlassen.
Johannes:	Wir haben ihn alle allein gelassen.
	Die Soldaten, die sind wach, und wir schlafen.
	Seht, Jesus geht seinen Feinden entgegen.
1. Kind:	Die Freunde schlafen, die Feinde sind wach!
2. Kind:	Jesus war allein in seiner Todesangst.
3. Kind:	Nein, er war nicht allein.
	Er betete, und darum war Gott bei ihm.
	Das Gebet hat ihm die Angst weggenommen.
Alle Kinder:	Jesus war allein.
	Er hatte Angst.
	Er rief zu seinem Vater.
Erzähler:	Nun wird Jesus gefesselt
	und vor den Hohen Rat geschleppt.
	Dieser faßt den Entschluß,
	ihn zum römischen Richter Pilatus zu bringen.
	Pilatus verurteilt Jesus zum Tode am Kreuz.
1. Kind:	Jesus muß sterben,
	er wird zum Tod am Kreuz verurteilt.
2. Kind:	Jesus wehrt sich nicht,
	er verteidigt sich auch nicht.
3. Kind:	Er schweigt und betet.
	Er nimmt das Kreuz an, für uns!
Alle Kinder:	Jesus hat nichts Böses getan.
	Trotzdem muß er sterben!
Erzähler:	Jesus bekommt den Kreuzesbalken aufgeladen

und muß nun den schrecklichen Kreuzweg ge-
hen.
Unterwegs bricht er zusammen.
Die Soldaten, die ihn begleiten, rufen:

1. Soldat: Marsch, weiter, los, steh auf!

2. Soldat: Er kann nicht mehr.
Er ist völlig erschöpft.

3. Soldat: Seht, da kommt einer, der kann ihm helfen.
Der ist kräftig,
der arbeitet jeden Tag auf dem Felde.

1. Soldat: Du, Bauer, komm her.
Wir brauchen dich.

2. Soldat: Los! Hilf dem Verurteilten, das Kreuz zu tragen,
er kann nicht mehr.

Simon: Nein, niemals werde ich das Kreuz anfassen.
Laßt mich in Ruhe!
Ich komme gerade vom Feld,
ich bin müde, ich will nach Hause.

3. Soldat: Geh freiwillig oder wir brauchen Gewalt.
Wir können dich zwingen!
Also los!

Simon: Was hat er denn getan?
Ist er ein Verbrecher?
Oder wird er zu Unrecht getötet?
Der sieht nicht so aus, als hätte er Böses getan.

Alle Kinder: Jesus stürzte zu Boden.
Keiner wollte ihm helfen.
Keiner zeigte Erbarmen!

Erzähler: Auf dem Weg standen Frauen.
Sie sahen Jesus und begannen,
laut zu klagen und zu weinen.

1. Frau: Ach, guter Meister,
dein Gesicht ist fast nicht mehr zu erkennen.
Wie haben sie dich geschlagen und gequält!

2. Frau:	Dabei hast du doch nur Gutes getan, allen hast du geholfen.
3. Frau:	Und zum Dank quälen sie dich so. Ich kann mich nicht mehr freuen.
1. Frau:	Ich kann nicht verstehen, warum Gott das erlaubt, daß er so behandelt wird. Warum rettet Gott ihn nicht?
2. Frau:	Er will es erleiden für uns, er trägt das Kreuz für uns.
3. Frau:	Vielleicht will er uns helfen, indem er das Kreuz trägt.
Erzähler:	Jesus sah die Frauen weinen und klagen und sagte: Weint nicht über mich, sondern weint über euch, eure Sünden und Fehler!
Alle Kinder:	Im Kreuz ist Heil, im Kreuz ist Rettung, im Kreuz ist Erlösung.
Erzähler:	Und sie bringen Jesus hinaus auf den Hügel, der Golgotha heißt. Dort nageln sie ihn an das Holz und richten das Kreuz auf. Es steht genau zwischen zwei Verbrechern. Jesus betet immer noch. All seinen Feinden verzeiht er. Etwa um die neunte Stunde, das ist drei Uhr, ruft er laut: Es ist vollbracht. Dann neigt Jesus sein Haupt und stirbt am Kreuz für uns.
Alle Kinder:	Wir danken dir, Herr Jesus Christ, daß du für uns gestorben bist. Ach, laß dein Kreuz und deine Pein an uns doch nicht verloren sein.

1. Kind:	Jesus breitet seine Arme weit aus,
	als wolle er alle umarmen!
2. Kind:	Er liebt die Menschen wie niemand sonst.
3. Kind:	Er liebt uns alle.
	Für uns ist er gestorben.

(Bereits veröffentlicht in:
Gottesdienst. Information und Handreichung
der Liturgischen Institute Deutschland,
Österreich und der Schweiz)

 KÖSEL

Religion entdecken

Felicitas Betz
Die Seele atmen lassen
Mit Kindern Religion entdecken
119 Seiten. Kartoniert
Felicitas Betz lädt ein zur Stille, zur Aufmerk-
samkeit, zur Erschließung elementarer Bilder
und Symbole. Dieses Buch ist eine Hilfe auf
dem gemeinsamen Weg von Kindern und Erwachsenen zu lebendiger Religiosität.

Gregor Tischler
Sensibel werden – religiös erziehen
157 Seiten. Kartoniert
Ein leidenschaftliches Plädoyer, trotz vielleicht
ambivalenter Erfahrungen religiös zu erziehen –
denn Religion zielt auf Glück und erfülltes Leben von Kindern und jungen Leuten.

Gregor Tischler
Religion – was soll's?
Weiterfragen lohnt sich!
159 Seiten. Kartoniert
»Gregor Tischler legt in sieben Kapiteln modern-
problemorientiert, in einfacher Sprache und den-
noch auf kritischem Hintergrund eine moderne
Glaubenslehre dar.«

CHRIST IN DER GEGENWART

KÖSEL

Sigrid Berg

Kreative Bibelarbeit in Gruppen

16 Vorschläge
157 Seiten. Kartoniert, mit 5 Dias
In Koproduktion mit dem Calwer Verlag

Sigrid Berg, bekannt durch ihre praxisbezogenen Anregungen für Religionsunterricht und Gemeindearbeit, hat 16 Vorschläge kreativer Bibelarbeit zusammengestellt. Der Erfahrungsreichtum biblischer Texte soll durch lebendiges Gruppengeschehen nachvollzogen werden. Diese Art der Bibelarbeit bezieht den ganzen Menschen mit ein: in Spiel, Meditation, bildnerischem, textlichem und musikalischen Gestalten, aber auch durch Bildbetrachtung und Tanz.

Die Beispiele sind aus dem Alten und Neuen Testament genommen worden, dabei sind Texte, die immer wieder in Gemeindearbeit, theologischer Erwachsenenbildung, Bibelkreisen und außerschulischer Jugendarbeit vorkommen, besonders berücksichtigt worden. Mit diesem Materialbuch erhalten Leiter / innen von Bibelkreisen und Seminaren, von Bibelwochen und -abenden klar durchstrukturierte Hilfen und methodische Anregungen, vor allem durch die direkt einsetzbaren Arbeitsblätter und Dias.